德語是一座原始森林：
我的德國觀察筆記

Deutsch ist ein Urwald:
mein Notizbuch zum Deutschen

蔡慶樺 著

目次

前言：德語是一座原始森林　Deutsch ist ein Urwald　009

輯一　語言與生活

- 晚餐／晚餐麵包　Abendbrot　018
- 是的我會說德語，但只能以折磨的方式　Ja, aber nur sehr geradebrecht　022
- 喝酒的人說喝水好　Wasser predigt der, der Wein trinkt　025
- 蒐集故事者　Geschichtensammler　030
- 校園過路費　Campus-Maut　034
- 沒人想蓋一座牆　Niemand hat die Absicht, eine Mauer zu errichten　038
- 沒人想蓋一座機場　Niemand hat die Absicht, einen Flughafen zu errichten　042
- 我是同性戀，這也挺好的！　Ich bin schwul, und das ist auch gut so!　047

• 窮，但是性感 arm aber sexy 050
• 自由死 Freitod 054
• 登船吧，你們這些哲學家們！ Auf die Schiffe, ihr Philosophen! 059
• 對世界感到痛苦 Weltschmerz 063
• 該是我們離開的時候了 es ist Zeit, daß wir gehen 070

輯二 語言與文化

• 驚嘆 Verwunderung 076
• 誘惑人心的歌聲 Sirenengesang 080
• 在《杜登》查查看！ Schlag im *Duden* nach! 087
• 法蘭克福的世界精神 Der Weltgeist in Frankfurt 092
• 酒宴之歌 Kommerslieder 098
• 德語作為男性語言 Deutsch als Männersprache 105

- 掌握另一種語言，就是擁有第二個靈魂 Eine andere Sprache zu können, ist wie eine zweite Seele zu besitzen 110
- 柏林賤嘴 Berliner Schnauze 114
- 《茵夢湖》 *Immensee* 120
- 您與你 Sie und Du 126
- 《學院：失敗的綠洲》 *Das Institut – Oase des Scheiterns* 132
- 我們什麼都會，就是不會標準德文 Wir können alles. Außer Hochdeutsch 138
- 文化、社會、秩序 Kultur, Sozial, Ordnung 142

輯三 語言與政治

- 人性尊嚴不可侵犯 Die Würde des Menschen ist unantastbar 150
- 請容我這樣說，主席先生。您真是個混帳東西！ Mit Verlaub, Herr Präsident. Sie sind ein Arschloch! 154

- 無法分裂　unteilbar　158
- 與狼的鬥爭　Wolfgang　162
- 併吞　einverleiben　167
- 充滿災難的致敬　eine unheilvolle Huldigung　172
- 在雞蛋間跳舞　Eiertanz　177
- 年度惡字：氣候歇斯底里　Unwort des Jahres: Klimahysterie　182
- 驚愕　Paukenschlag　186
- 抬轎者　Steigbügelhalter　189
- 牙買加破局　Jamaika-Aus　194
- 尊敬退休金　Respektrente　198
- 磕頭　Kotau　203
- 語言比血更多　Sprache ist mehr als Blut　207
- 對手　Gegner　212

輯四　語言與歷史

- 可以進入沙龍的　salonfähig　218
- 瓦魯斯，把軍團還給我！　Quintili Vare, legiones redde!　223
- 法蘭克福的小水屋　Wasserhäuschen in Frankfurt　232
- 來吧，為了人民，我們去吧　Komm, wir gehen für unser Volk!　236
- 哥白尼式的轉向　kopernikanische Wende　241
- 唯獨因信稱義　sola fide　245
- 不要引領我們陷入試探　führe uns nicht in Versuchung　252
- 說尖角體　Fraktur reden　256
- 新日爾曼　Nueva Germania　259
- 我們的德語　Unserdeutsch　263

前言

德語是一座原始森林

Deutsch ist ein Urwald

瑞士詩人費德勒（Heinrich Federer）曾寫過一首詩〈德語是一處原始森林〉（Deutsch ist ein Urwald）：

「法語是一座高貴的公園，義大利語是一處巨大的、明亮的、五彩繽紛的森林。但是德語幾乎就像是一座原始森林，如此地茂密與神祕，沒有寬敞的通道，卻有千百條小岔路，在公園裡不會迷路，在義大利明亮的森林不會這麼輕易迷路和遭遇到危險，但是在德語裡，一個人可能在四、五分鐘內迷失在叢林中。正因路途如此艱難，許多人試著盡可能直線穿越，而這有違這語言之本質。這門語言確然須有大方向，然而會有上百條小徑忽左忽右繞出，也會很快地再回到路上。」

確實，德語對我來說像是一座原始森林，身處其中總覺得隨時會迷失，每一個詞彙與句子都是一條小路，每一個受到拉丁語、希臘語或任何外來語影響的概念，都是一條與其他道路交錯的岔路。德語中有一個自中世紀以來傳下的用語：auf dem Holzweg sein，原意是身處森林中的小路上，這些小路並非為了行人通行而開拓，而是為了伐木工人運送砍伐的木材，因此誤入林道的行人，無法抵達其目的地。這句話被引申為：身處於錯誤的路上。格林兄弟德語大字典對「Holzweg」之解釋為：「為伐木業而設之路，並不連接兩處」，而「auf dem Holzweg sein」就是「在錯誤方向中」(in irrthum，今日寫法為 in Irrtum)。如果把德語視為原始森林，德語學習者是否避開不了迷失於林中路的宿命？

但轉念一想，迷失處也如此迷人。學習外語，不正是離開我們自小到大無比熟悉的大道，踏上神祕暗道？即使不通往任何既定目的地，這林間小路也是風景。這些年來，我在這座森林裡度過那麼多奇妙複雜的日子，這本書，就是我隨手記錄的路上的風景。其中章節分為三大方向：政治、歷史與文化，我想呈現在觀察德國的政治或政策、社會及歷史傳統、文化現象與根源時，從語言角度切入，可以看見的不同風景。

我並不是讀德文系的，接觸德語相對也晚，大學與研究所讀的是外交學系及政治學系，都是美國主導的學科，課堂上讀的都是美國學者的著作，因此英語才是最重要的（或許也是唯一的）接觸世界的窗口。會到德國讀書並開始學習德語，是因為二十幾歲在讀博士班時，意外獲得一筆獎學金，可以選擇某個國家短期出國研究。當時我選擇去德國，因為希望能夠學會英語外的另一種外語，並能以原文研究德國。

在多年深入德國語言後，終能漸漸體會，哲學家費希特（Johann Gottlieb Fichte）在《對德意志民族演講》（*Reden an die deutsche Nation*）一書中對德語的評價。他認為德意志民族與其他日爾曼根源的民族最大的差異在語言，德語這門原始而複雜的「源語言」（Ursprache），標誌出了德國民族在世界文化中的地位，正因如此，要理解德國，不可能有其他繞道之路，「外國人若不經過極端費力地學會德意志語言，那麼就永遠不可能了解真正的德國人，那真正屬於德國性質的東西，毫無疑問地將永不被翻譯出來。」

在德語的道路上，確實費力，卻從不失樂趣。去德國前，已有無數人警告我德語之困難。到了德國後，與德國同學及室友談起德語，他們感嘆連身為其母語者，偶爾也無法完全掌握文法，並在犯錯後自嘲「德意志語言，困難的語言」（Deutsche Sprache, schwere Sprache）。但我開始學習並使用德語後，並沒有遇到什麼跨不過的阻礙，反而越來越感興趣，並因為能夠閱讀德國思想家的原文作品，更強化了學習德語的動力。就這樣，我走入這座森林，而且再也沒有走出來過。

當時學習德語，除了自己博士論文的需要，主要原因就是喜愛一門外語，沒有未來想憑藉德語做些什麼的想法，沒有這條林中路會帶我通往何處的期待，純粹就是貪看不一樣世界的不一樣景致。因此，後來進入政府任職，並以語言能力為國家效力，與我開始學習德語一樣，都不在原來的規劃中，甚至包括後來開始書寫我對德國的觀察，出版評論德國議題的專書，都是一條條人生的岔路。

在結束學業、開始工作後，我的人生並沒有與德語分道揚鑣，不管是工作上或者私人生活中，我都必須閱讀大量的德文資料，時常在某些書籍報章的字裡行間，或者與德國朋友的閒聊間，遇見一些令人驚奇的詞彙字句。我習慣記錄自己從這些「路標」中窺見的德國歷史、文化與社會。不過，一開始只是記下簡單的字句，沒有寫成完整文章，甚至擴充成一本書的計畫，後來我的伴侶也開始學習德語，我便想多寫一些，讓她在學習外語中不只是苦於背單字文法，還能發現語言在文化深處留下的足跡，對德語更感興趣。寫給這「第一位讀者」的筆記選輯，另外再加上幾次受邀針對德國的演講所留下的文字內容，便成了這本我自己的「路標」。重讀這些使用德語過程留下的痕跡，不由得感慨，沒有走入這森林的話，我的生命將以什麼不同於現狀的方式呈現？我的世界在某個時空點因為接觸了一種語言，從此與原來的世界分道揚鑣了。

美國科幻小說家姜峯楠的短篇《你一生的故事》（*Story of Your Life*）（後改編為電影《異星入境》）中，描述地球的語言學家試圖理解外星人來到地球的目的為何，因而努力地學習外星語言。最後發現，外星人來到地球就是為了教導地球人他們的文字，作為給人類的贈禮，好讓人類掌握這些文字後，改變思維認知，以全然不同的方式掌握時間與世界。我總想，二十幾歲時開始學習德語的我，就像是那個登上外星人飛船的語言學家，帶著敬畏好奇的心情接觸這門全新的語言，學習全新的思維方式，並且進入了全然不同的世界。

在登上飛船的路上，幸非孤獨一人。在柏林的室友，漢學博士 Dr. Dorothee Dauber，給了我許多語言知識，她對中文詩詞的熱愛，使她擁有敏銳的跨文化觀察眼光，而其對文學的感受，也使她成為一位能把整個德國的豐富與深刻帶給學生的專業德語教師。那個在柏林度過的冬天遇上漫長暴雪，幾乎每一天我們都坐在餐桌前，映著雪光聊著臺灣與德國，哲學與文學；如果要為托馬斯曼的名言「我所在之處就是德國」找一個具體形象，那麼便是她，一位嚴謹精確的施瓦本人，卻又是對世界開放的柏林人。

與學養豐富又有幽默感的 Dr. Thomas Weyrauch 不知有多少次的深入交談，也讓我從另一個角度窺看令我著迷的德國面貌，尤其他對法學與政治的深入剖析，更使我學到許多。我永遠忘不了在他家作客那晚的「羅馬宴」，我們穿著羅馬人長袍、說著拉丁詞彙，重現了日爾曼文化及語言中的羅馬傳統。我們彼此是不需要說敬語的朋友，友情並非建立在對於臺灣與德國有一樣的理解或立場，而是對於彼此的國家，都一樣帶著同情的批判，或者帶著批判的同情，憂心忡忡思考自己國家的未來，並問著：Quo vadis?（你往何處去？）

此外，也應向同事 Angela Baumann、Katharina Becker 與 Brigitte Ekhator 及好友 Alisa Gögelein 致謝。她們都常與我討論德語（或者，也常忍受我說的冷笑話），並在我有語言上的疑惑時盡力解答或為我尋找資源。這本書中的部分想法，便是在與她們喝咖啡閒聊中記下。

前言的結尾，也要感謝路上相伴的幾位老師，他們都是帶我踏上那艘飛船的領路人。政大政治學系孫善豪教授（已故），曾領著我細讀德國哲學家的原典；政大哲學系張鼎國教授（已故），由於專研詮釋學，使他對語言承載的思想傳統十分敏感，與他討論的時光裡，我感受到能有另一位對德語同樣擁有熱情的對話者，是一件多麼幸福的事。

柏林歌德學院的 Dr. Otto Detlef 對語言與文學的掌握，讓我在柏林學習的每一天都充滿樂趣，在他的課堂上我讀了韋伯、佛洛伊德、羅莎盧森堡，以及德奧重要小說家的作品，當時非常感動，想不到我真的已有走入歐洲文化深處的德文能力。也是在他的教導下，我通過了歌德學院C2級考試，為自己的語言學習路程留下一個值得紀念的足跡。

二〇〇五年就讀波鴻魯爾大學哲學系時，我同時在學校德語班學習，當時的教師 Uwe Jakomeit，不只以清晰的方式建立我德語的語感，還以外冷內熱的方式公平善待外來學生及移民，展示了一個教師的模範。當年我將離開大學返台前，去向他道別，清楚記得他握著我的手說：「慶樺，回臺灣後，請與我保持聯絡，因為我非常好奇，未來的你，究竟會成為什麼樣的人。」

這些年來我太過疏懶，並無音訊給他，非常對不起我的老師，但他所教導的應都還留著，多年來我不曾有任何一天未使用德語，也許另一種意義上，我與他的聯繫因語言而起，也因語言而從未斷過。至於那個問題，未來我將成為一個什麼樣的人呢？這本書作為答案，希望我沒有讓他失望。

輯一

語言與生活

晚餐／晚餐麵包

Abendbrot

翻讀一本我從德國扛回的大書，全彩銅版紙重達三公斤，是一本德國文化史介紹，特別的是，書中收錄非常多的照片、圖畫、海報。其中有一張圖片，是一本知名食品公司出版的食譜《冷食》（*Die kalte Küche*）。從一本談德國文化史的書居然收錄一本談冷食的食譜，就可以理解德國冷食的地位。

我自己是一個不太計較吃的人，在德國居住時也總覺得入境隨俗，另也因為事情太多，所以常常如德國人一般吃冷食，以節省時間。即使是晚上，有時候我也以沙拉、麵包、火腿、起司作為主餐，簡單在廚房五分鐘弄好，快速吃一吃，便去做自己的事。曾經有臺灣朋友來訪，跟著我這樣吃晚餐，說覺得我生活得非常可憐。

他不是特例，我認識的臺灣人似乎總是要在晚餐吃熱的，不習慣老式的德國飲食方式，可以在晚上吃「冷食」（我說老式，是因為現在受各國文化的影響，德國人的飲食習慣也有所改變了）。這種飲食習慣是一種文化傳統而已，德文中還可以看出一些痕跡。

Abendbrot，以前用來形容晚餐的字，正是晚上（Abend）加上麵包（Brot）。現在人晚餐比較少以麵包為主食了，也因為晚餐越來越是家庭聚餐時間，媽媽們會準備熱食，德文現在也比較常說 Abendessen，不過 Abendbrot 還是偶爾會說——至少我自己很愛用這個字——幾年前德國翻譯一部惡搞的好萊塢吸血鬼電影，名稱就叫「Bis(s) zum Abendbrot」，意思是「晚餐時見」，同時也因為諧音，可以理解為「當成晚餐吃」。另外，根據「部落客重要性指數」（Blogger-Relevanzindex）的分析，德語世界部落格美食類第一名，就叫做「德國晚餐麵包」（German Abendbrot）。

德文中有些諺語還有 Abendbrot，可以看得出這個字的文化脈絡。例如：

1. Kurz Abendbrot macht lange Lebenszeit.（晚餐吃得少，人生長壽。）
2. Langes Abendbrot macht dem Magen große Not.（晚餐吃多了胃疼。）
3. Lieber ohne Abendbrot zu Bette gehen, als mit Schulden aufstehen.（寧可不吃晚餐去睡覺，也不要欠債起床。）
4. Nach mäßigem Abendbrot hat's mit dem Schlafen keine Not.（晚餐吃得合度，睡得安穩。）

5. Trocknes Abendbrot macht langes Leben.（乾枯無味的晚餐讓你活得久。）

從這些諺語可以看出來，所謂的「晚餐麵包」，與德國人嚴謹、拘束、自我克制的傳統形象緊緊結合在一起。真可以當成日爾曼民族的文化象徵。

另外一提，英國哲學家法蘭西斯・培根（Francis Bacon）說過一句名言：「希望是很好的早餐，卻是很糟糕的晚餐（Hoffnung ist ein gutes Frühstück, aber ein schlechtes Abendbrot）。」也被翻譯至德語中成為諺語。一日的開始、人生的開始保持著希望是很好的，但是這樣的樂觀不應該直到人生的下半場還留著，隨著時間的過去，人應該要學會正視現實。Abendbrot在這裡與希望的意象較不相容，而是一種合宜、冷靜、自省的時光。

在《德意志靈魂》（*Die deutsche Seele*，中譯本書名《德國文化關鍵詞》，麥田出版）這本書裡，有個詞條就是Abendbrot，作者朵恩（Thea Dorn）與華格納（Richard Wagner）寫道：「Abendbrot，那麼簡樸，有點酸腐，但又充滿情感，其料理不要求我們花費太大力氣，但是少少的材料，卻需要細心挑選。」完全可以看出傳統德國人在晚餐時面對盤中麵包的心情。

自十八世紀起，德語也借用「晚餐麵包」，出現了Mittagbrot（午餐／午餐麵包）這個字，但是就不像「晚餐麵包」這個字，承載那麼深刻的文化意涵。也許是，午餐吃的麵包多是工作中果腹用，簡單快速即可，並不像晚餐時在家中與家人同桌，那麼需要費心。

曾有人問我，覺得德國文化中最特殊的是什麼？我答道「冷食」。當然，也許有人會覺得，那算不上什麼文化，只是一種吃的習慣罷了，但冷食不只是吃東西，如同歌德也不只是個作家，舒馬赫也不只是個駕駛。晚餐能夠接受冷食，那麼 rustikal（這個字不太好翻譯，大概是鄉下的，帶點土氣的感覺），實在是一種文化特色。也正因如此，朵恩與華格納才選擇它作為深植於德意志靈魂中的特質之一。

是的我會說德語，但只能以折磨的方式

Ja, aber nur sehr geradebrecht

德意志文獻館（Deutsches Literaturarchiv）館長勞爾夫（Ulrich Raulff）非常著迷於法國理論，寫了一本很好看的書《再見七〇年代：狂野的閱讀歲月》（*Wiedersehen mit den Siebzigern. Die wilden Jahre des Lesens*），講述他們那輩在七〇年代讀書的德國學生，如何與來自法國的「後現代」思潮相遇。自那「狂野的閱讀歲月」開始後，他便沒有停止過書寫法國思想，並翻譯了多本法國哲學家著作，例如傅科（Michel Foucault）、德勒茲（Gilles Deleuze）、費弗爾（Lucien Febvre）、維希留（Paul Virilio）等。尤其他所翻譯的傅科《求知意志：性與真理》（*Der Wille zum Wissen. Sexualität und Wahrheit*）第一卷，更是極為暢銷，為法國思想在德語世界的傳播貢獻不小。

在《哲學雜誌特刊》（*Philosophie Magazine Sonderaufgabe*）一篇專訪〈他喜愛年輕人的活力〉（Er mochte die Energie der jungen Leute）裡，他這麼說起接觸傅科的往事。他清楚記得那是一九七六年一個夏日午後，一切原該那麼愜意，但那天他讀了傅科的

《監控與刑罰》（*Überwachen und Strafen*），一股寒意由背脊而生，之後便如著迷般，瘋狂閱讀一切傅科的作品。

他在知識上奉傅科為老師，而實際上也真的成為其學生。雖然勞爾夫當時的法文極差，但還是去了巴黎，與一位同學一起溜進了當時傅科在法蘭西學院的講堂上聽課。下課後，他鼓起勇氣，去向這位當時歐洲最知名的哲學家說話。

他想要求傅科為他開立曾經在此上課的證明，好讓他之後能回到德國申請獎學金，傅科很親切地答應了，並手寫了一封證明。這份手跡當時讓勞爾夫在巴黎各學術場合通行無阻，而迄今他仍細心留存。

當時，勞爾夫法語說不上幾句，因此只好大膽說德語，因為他知道傅科曾經於五〇年代時在漢堡待過一年，應該多少會說德語。他問傅科是否可以說德語，哲學家這麼回答他：「是的，但只能以折磨的方式（Ja, aber nur sehr geradebrecht.）」。

這是非常耐人尋思的回答。geradebrecht 是動詞 radebrechen 的分詞，這個動詞在字典裡的意思是「只能以非常吃力而有缺陷的方式使用一門外語」（eine fremde Sprache nur mühsam und unvollkommen sprechen），但 radebrechen 原來在中世紀的意思，是把人綁在輪子上處死，是一種極為殘酷的刑罰，中文維基百科翻譯為「死亡輪」並這麼解釋：

死亡輪係「一種於公開處決中使用的酷刑，其歷史可追溯到遠古時代，且這種刑罰直到近代（十八世紀）才廢止。受刑人會因為骨頭被鈍擊砸碎而死亡。」

後來所衍生的「吃力而充滿缺陷使用外語」之意義，其實就是一種對語言施加酷刑的想像。例如我們可以說 Ich konnte ihn nicht verstehen, denn er radebrechte das Deutsche lediglich，意思是我無法理解他，因為他只會說著七零八落的德語，但這 radebrechen 其實是，他把德語架上了死亡輪，擊碎了這門語言。（也就是指「在輪上擊碎」，auf dem Rade brechen）

但是傅科說的「Ja, aber nur sehr geradebrecht」除了意指「是的，我以折磨語言的方式說著它」，何嘗又不是我以被折磨的方式說著外語呢？radebrechen 的分詞 geradebrecht 不只是施加於語言的動作，還是形容說話者狀態的形容詞；說外語時，痛苦是雙向的，我與被我言說者皆不能免。

然而互相折磨者，不也大多都源自互相的愛？倘若無愛，早已無礙，沒有受苦的可能。我們受德語折磨也還以折磨，都是因為出自對德語的愛。

喝酒的人說喝水好

Wasser predigt der, der Wein trinkt

德國詩人海涅（Heinrich Heine）的名詩《德國：一個冬天的童話》（*Deutschland. Ein Wintermärchen*）一書中，有這麼一段詩句：

我知道這種催眠的方式，我知道那些歌詞
我也知道作者們；
我知道，他們私底下飲酒，
而公開地讚美水

Ich kenne die Weise, ich kenne den Text,
Ich kenn auch die Herren Verfasser;
Ich weiß, sie tranken heimlich Wein
Und predigten öffentlich Wasser

海涅自一八三一年起為追求其文學創作理想，離開仍在專制中的德意志土地，流亡巴黎，《德國：一個冬天的童話》是他於一八四三年十一月時從法國返回德國時寫下，並於隔年發表的作品。這段詩行描述他在邊境上再次聽到了他的母語，聽到彈豎琴的少女以德語唱著古老的「斷念歌」（Entsagungslied）。這是一種充滿宗教意涵的歌曲，稱頌在俗世之上還有天堂，那是斷離一切憂喜慾望的彼岸。我們凡人應該拋棄自己的享樂，忍受苦痛，未來必得進入極樂之處。海涅嘲諷說，這樣的歌曲是催眠曲（Eiapopeia），是在世人悲泣時，提供安撫入睡之用。因而有了上面這一段詩句。

其中最知名的就是最後這句：「他們私底下飲酒，而公開地讚美水。」海涅批判偽善者，表面上鼓吹人民要吃苦耐勞禁慾，私底下卻是奢華度日。酒與水的對比在《聖經》裡早已出現，海涅借用了這典故，以批判說一套做一套的人。這個句子從十九世紀開始，隨著海涅的作品風行於德語區，後來出現各種類似的簡化版本，例如「Wasser predigt der, der Wein trinkt」（喝酒的人說喝水好）或「Wasser predigen und Wein trinken」（讚美水，但喝的是酒）。因為這句話形象鮮明、深入人心，也常成為媒體愛用語。

二〇一七年四月，德國北萊茵西法倫邦即將舉行議會選舉，媒體公布了一張照片，引來社群媒體熱議。綠黨的政治人物，邦副總理兼教育廳長西爾薇雅・洛爾曼（Sylvia Löhrmann）被拍到，她擁有兩台車，一台是又大又寬敞的豪華轎車奧迪A8，另一台是白色的豐田油電混合車Prius。平常她的座車是A8，競選時就換成Prius，這段影像由基督教民主黨（CDU）一位政治人物歐斯特費豪斯（Thomas Eusterfeldhaus）拍下，看得到這位綠黨議員就在路邊換車，因為她即將去參加一個競選活動。

歐斯特費豪斯從位於杜塞道夫的議會窗戶看到洛爾曼在路邊換車，趕緊拿起手機拍下，並在他的臉書上貼出，譏諷寫道：「開著大車奧迪A8到杜塞道夫，然後迅速地換成環境友善的油電混合車，希望沒人注意到。綠黨的雙重道德萬歲！」「給洛爾曼女士一個小建議：下次在地下停車場換車會比較好。」

洛爾曼對這樣的批評，立刻加以反擊。她說，A8是她的公務座車，而Prius是她參加競選用的交通工具。她之所以換車，正是她對公私分際的堅持，競選活動是私人活動，她當然要坐自己的車。

這確實也言之有理，然而一般民眾對這說法並不買單。一直到寫作這篇文章時的二〇一九年五月，歐斯特費豪斯的臉書貼文已經有三萬多次轉傳，四千多則憤怒的留言，還不包括其他臉書帳號再貼文、推特以及媒體報導等。許多網友的留言與媒體報導正是：她自己喝酒，卻要別人喝水！

那一年的邦議會大選，洛爾曼擔任綠黨的邦總理候選人，她領導下的綠黨慘敗，因而無法延續原來的社民黨綠黨聯合執政。洛爾曼也宣布從此退出政壇。換車事件想必是這次慘敗的一個重要因素。

順帶一提，海涅的家鄉正是杜塞道夫，市中心保留了海涅故居作為博物館，該地的大學也叫做「杜塞道夫・海因里希－海涅大學」（Heinrich-Heine-Universität Düsseldorf），我曾在市區啤酒館用餐，餐廳牆上亦寫著海涅的詩句。這位深受杜塞道夫人喜愛的作家所寫的詩，在當地最為人傳頌。也因此，在杜塞道夫批評綠黨自己飲酒卻要他人飲水，引用這位杜城之子的名句，確實很能打中人心。

在德語中另有一些概念與這個典故相關，例如「偽善」這個詞 Scheinheiligkeit，由 schein 與 heilig 兩個字根組成，heilig 是神聖之義，也引申為真實的，而 schein 則是表面的、虛假的，所以 Scheinheiligkeit 就是說一套做一套的偽善，有時候也用來自法語的 Bigotterie 一字來表達此概念。此外，Doppelmoral（雙重道德）這個字也極為常見。

這些字彙在中國批評西方的言論中出現的頻率也非常高，交錯使用應該可以設計某種外交部或官媒言論產生器。例如，二〇二〇年二月中國驅逐美國記者，美國也報以將中國在美新聞機構設下人數上限，等同於「事實上的驅逐」（de-facto-Ausweisung）。對此，德語媒體報導中國外交部發言人趙立堅這樣批評美國：美國所謂的新聞自由的偽善

（Scheinheiligkeit），只是一種明顯的雙重道德（Doppelmoral）以及霸權式的霸凌。倘若那位趙發言人能夠加上一句，「你美國人自己喝酒，卻要我們中國人喝水！」氣勢當更加強悍。

蒐集故事者

Geschichtensammler

一張簡單的白紙，上面寫著「我傾聽您，就是現在，或者下一次」，貼在漢堡U2線地鐵埃密連街站（Emilienstraße）裡的一個小房間外。二〇一七年年底開始租用這個房間的布許（Christoph Busch），就這麼簡單貼起營業公告，每日迎接不同的「客人」，他唯一的工作就是傾聽他人的人生。

布許是居住在漢堡的作家，讀法律，開過計程車，為電視台寫劇本，曾經以其劇本獲得幾個文學獎項。兩年前某一天等地鐵時，看到這間房間拉下門窗，貼著小紙條「出租」，他打電話詢問，可惜已經租出。去年年底再次看到招租，他成功租下。申請租用表格裡，他在用途一欄填上：「寫作室」。

別人租用這種小房間，通常是為了販賣零食飲料或報刊，布許賣的是他的時間，他的回應，他的傾聽，而且不收費。他將這個房間命名為「耳朵」（Das Ohr）。

不過一開始的目的其實是，他想在這裡透過窗戶觀察來往的旅客，並且寫作，這裡是他親身參與人群的「寫作室」。可是，後來他花越來越多時間在傾聽，寫作室成為為他人設的告解室。

這確實是另一種形式的告解室，人們來，談自己的故事、愛與恨、罪與責，然後離去。或者，人們也說他是一個街頭的精神分析師，只是他不分析什麼，他只聽。他自己否認這種精神分析的功能，他說，我所做的一切只是與簡單的凡人來場簡單的對話，讓他們說個故事，不管是自己的人生或者一個想與他分享的想法都好。

我對這個概念非常著迷，他並不是走在孤獨的路上，其所扮演的「吸取故事者」、「蒐集故事者」（Geschichtenaufsauger, Geschichtensammler）角色，不正有如德國文學傳統裡一個美好的文化保存者？其作家前輩格林兄弟，正是傾聽、蒐集並書寫一個民族的故事之最佳典範。而「耳朵」這樣的空間引起矚目，正說明了今日社會裡傾聽他人故事已經逐漸淡出了文化生活。

顯然不只我對這個概念著迷，據說目前他的生意很好，有時候甚至必須先預約。媒體也報導了這個奇特的故事亭，暱稱為「說故事路邊攤」（Erzähl-Kiosk）。大都會裡匆匆行過的許多旅客，停下腳步，拉開了「說故事路邊攤」，走進去對著一位陌生人敘述自己的人生，然後心滿意足地走出小房間，繼續人生。

他常常以這個問題開始對話：「您快樂嗎？」這個簡單的問題就引出了源源不絕的故

事。他說，有時候對方說完一段故事後，太多的情感與曲折讓他喘不過氣來，必須休息，以能夠再次傾聽。以此可以理解，承載他人的生命故事，是多麼耗盡心力的工作。

他也有無法承受生命之重的「顧客」，來到「耳朵」慟哭，傾訴自己的痛苦。他甚至察覺到有些人可能自殺，必須考慮是否協助向專業的輔導與救助單位求援。他也看著「回頭客」告訴他，上次談話後獲得極大的支持與幫助，人生已朝向更好的方向。

現在「耳朵」越來越廣受注意，不只自開張以來生意越來越好，也有人寄錢給他，也有人親自去「故事路邊攤」贊助這個很特別的計畫。許多人甚至寫信給他，透過文字敘述自己的故事。但是這並非他租用「耳朵」的用意，他希望大家不要用文字敘述自己，期許透過直接的面對面，讓未曾說出的故事與想法在人與人的互動中被釋放出來。

而「耳朵」受注意，也提醒我們在文字之外，面對面的、眼神交流的談話，是數位時代逐漸流失的寶貴經驗。每個人都有敘述以及被傾聽的需求，有與他人連結的需求，這正是這個時代社群媒體如此發達的原因。可是，社群媒體始終不能取代人與人真正的邂逅，彼此的注視與傾聽。當代人擁有越來越多的手機、平板與電腦，在越來越多社群媒體上註冊，訂閱越來越多即時新聞，在即時訊息上互通有無。我們被連結的強度越來越高，可是卻也越來越渴望有人能看著你的眼睛問：「您快樂嗎？」

如果你會說德文，需要一雙耳朵傾聽你的人生，有機會去漢堡時不妨考慮拜訪這位蒐集故事者，他會在週一至週五九點半到下午三點之間等候。寫個信給他「訂位」（電郵：das-ohr@gmx.de）可能是不錯的主意，但是請記得別在信裡敘述你的故事，他喜歡當面聽你說。

校園過路費

Campus-Maut

某日讀《南德日報》，看到一個詞覺得很有意思：「校園過路費」（Campus-Maut）。

校園過路費，是記者用以戲稱大學學費的新造複合詞。《南德日報》的教育版，做了一個關於大學應不應該收學費的專訪。傳統的德國大學不收學費，每學期只收一些雜費，外國學生也不例外。但是近年來有些邦開始收取學費，原則上每學期五百歐元，最知名的例子是，財政狀況甚佳的巴登符騰堡邦向非歐盟學生收每學期一千歐元學費，引起很大的爭議。

在《南德日報》的訪談中，專家認為大學不收學費，但是幼稚園卻要收費是錯誤的，應該要反過來，才是正確的政策。我可以理解這樣的態度，因為大學是研究的地方，不一定每個人都必須走上研究之路，但幼稚園卻是每個家長都會送小孩去的。在人們越來越不生小孩的時代，把教育支出補助挪移到幼稚園，確實是個可理解的政策。

但是對很多大學生來說，可沒那麼願意接受了。很多朋友跟我聊天時聽過我提起這個例子，許多年前我還在德國讀書時，我繳的每學期雜費是一百七十歐元左右，但是那時候北萊茵西法倫邦開始討論要收每學期五百歐元，在那個許多出身自工人家庭的學生組成的大學，引起軒然大波。某一天，我跟一位美國同學走在一起，經過學校圖書館前，不懂德文的同學看到很多人在那裡露營，覺得奇怪，問我發生什麼事，我告訴他，是因為邦政府要收學費，他們便在校園裡露營霸占廣場，以示抗議。同學吐了吐舌頭，問學校要收多少錢，我說五百歐元，他很驚訝地說：What?!

來自美國私立大學的他，無法理解德國學生們如此咬牙切齒地與政府周旋，只為了每學期五百歐元。其實我也覺得五百歐元不貴。當年讀高中時，我並沒有得考多好的雄心壯志，只知道我一定得念國立大學，否則肯定是讀不起私立大學的。即使讀了國立大學，我還是得辦學貸以完成學業。但即使是對學費很敏感的我，當年也覺得五百歐元不過就臺灣國立大學的學費吧，似乎沒有那種不共戴天之仇的感覺。不過，對德國學生來說，原來不用繳，現在要他們繳，差異實在很大，那一口怨氣吞不下去吧。

以前我一位留德的老師認為德國大學免學費這件事，不是不用繳，而是讀完才繳。因為德國稅賦高，用以支付教育經費的能力也高，就先訓練你，讓你出社會後才工作繳高所得稅，以回饋後來的學生。這也算是一種世代契約。

說到校園過路費這個詞，感覺好笑，但我覺得確實有幾分道理（雖然記者可能沒有意識到）。古早時的大學教授，很多並無固定教職，而需依賴授課時向學生收的費用度日，康德、黑格爾、席勒都當過這樣的教師。這筆去聽特定教授的課得交的聽課錢，德文叫做Kollegiengeld，我曾經在圖書館翻閱過十九世紀維也納大學的開課目錄，很多課程後面都明確規定該堂課將收取多少小時的聽課錢。這筆費用可說是直接給教師的「過路費」。某種意義上確實是過路費，老師們鋪好了一條道路，除了某些滿足免繳聽課錢（Kollegiengeldbefreiung）條件的學生外，其他人要跟著走這條道路，便得交道路使用費，以感謝開路者的辛勞。

黑格爾的學生曾經畫了一幅他登壇講課的圖，前方放著一頂大帽子，應該就是收錢用的。參觀博物館時，看到那些古代哲學教授留下來的文物，往往也可以看到他們的帳本，記錄多少學生修課，哪些還沒交錢。例如我曾在哥廷根大學圖書館裡，看過展出知名物理學家利希滕貝格（Georg Christoph Lichtenberg）的生平資料，其中有一個有意思的文件，是他任教大學時的出席學生名冊，他在冊子上點名，並記錄已經繳錢的學生。這個冊子很能顯示當年大學教師依賴出席學生繳納聽講酬金的狀況。記得多年前我在德國大學時去上學校的德文課，下課時每個人掏出三歐元放在桌上給講師，仍存古風。

這種制度下，教師之間自然會競爭學生數目，那不只是學術聲望之爭，也是收入之爭。當年叔本華跑到柏林大學，就視如日中天的黑格爾為其對手，刻意把課程開在與他同時段，結果可想而知，學生都跑去黑格爾那裡了，沒多久，收不到 Kollegiengeld 的叔本華只好黯然離開柏林。

有一種例外是不用交這種過路費的，就是那些公共課程。當時的課程分為公共課程（Collegia publica）以及私人課程（Collegia privata），兩者的比重及開設辦法各校不同。根據奧地利史家布魯克穆勒（Ernst Bruckmüller），維也納大學大約在十九世紀中葉引入聽課錢制度，當時維也納作為奧匈帝國中心，維也納大學是帝國高等教育中心，學生數眾多，每個教授每年約可以收到八千至九千元的聽課錢，但是，每三個學期，教授便有義務開設一次公共課程。由此可知，高等教育有其公共使命。

後來德國大學的免收學費政策，其實也可視為教育公共化的思維。現在想開始收學費，絕非是因為德國缺錢，而是標誌這個時代對於教育的思維及定位轉變了，從 publica 移向了 privata。教育的路上，越來越難尋免收過路費的路徑了。

沒人想蓋一座牆

Niemand hat die Absicht, eine Mauer zu errichten

德國政治史上最大的謊言，誕生於一九六一年六月十五日。

在二次世界大戰結束後，柏林被同盟國占領，德國分裂為東西德，但是兩德之間的邊界是開放的。戰後很明顯的，蘇聯占領下的東德經濟表現不如西德好，加上政治氣候的不同，許多東德人民移居到了西德。一九六一年時移出人口已經達到一百六十五萬人，這差不多就是東柏林的總人口數。而且這些有移動能力以及意願的人，多半是年輕人，可想而知，這些年輕高素質的勞動力流失，已經對東德的社會主義經濟造成極大影響。蘇聯的赫魯雪夫上台後，對此情形非常不滿，要求東德勢必要想個辦法阻止這種難看的「用腳投票」（Abstimmung mit den Füßen，原來是列寧的用語）。

一九六一年上半年，有鑑於外流人口趨勢及速度似已到難以控制的程度，關於東德政府將在布蘭登堡門後蓋起一座圍牆的傳言喧囂日上。一九六一年六月十五日，在東柏林舉行的國際記者會裡，《法蘭克福環視報》（*Frankfurter Rundschau*）的記者多荷爾

（Annamarie Doherr）對此舉手發問，是否東德政府確有此計畫，並且東德如果真的想蓋這座牆，阻絕兩德自由來往，是否已經做好準備，承擔一切後果。

當時東德政府的最高領導人，國家主席烏布里希特（Walter Ulbricht）不假思索地回答：不，我完全不知道有什麼這種計畫，我們不會動員東德的建築工人去蓋這樣一座牆，東德的建築工人都忙著把所有的勞動力投入在蓋房子，「沒人想要蓋一座牆（Niemand hat die Absicht, eine Mauer zu errichten）」。

他會否認要隔離東西柏林，是有政治原因的。蘇聯一直認為，整個柏林應該屬於東德管轄，希望能盡快趕走英美法，讓西柏林不再「淪陷於資本主義」。在這個立場下，東德政府自然會否認要隔離東西柏林，因為那表示永久接受了分裂狀態。

不到兩個月後，一九六一年八月十三日，東德的軍警在一夜之間拉起了鐵絲網，東德的工人被命令開始蓋那道將阻絕兩德人民二十八年的牆。

現在德國政府的網站上記錄這個事件，稱烏布里希特在那個記者會上是「史上最大說謊者之一」，而媒體也常常以「圍牆謊言」（Mauerlüge）稱這次事件及這句名言，網路酸民也常常戲稱他是「工頭鮑伯」（Bob, der Baumeister，原來是德國極受歡迎的建築類系列玩具）。如果德國鄉民要辦一個德國政壇講幹話大賽，第一名不用爭了，這位國家首席工頭看著記者，一副「我真是吃驚您怎麼會有這種想法啊」的無辜表情，吐出這一句「沒人有要蓋一座牆的想法」，穩坐寶座。

不過，說謊的政治人物當然不只有烏布里希特。德國作家桑德斯（Cliul Sanders）寫的《沒人有意願說實話！》（*Niemand hat die Absicht, die Wahrheit zu sagen!*），細數包括烏布里希特在內的各國政治人物如德國前總理科爾（Helmut Kohl）、前總統吳爾夫（Christian Wulff）、美國前總統尼克森（Richard Nixon）、現任總統川普（Donald Trump）、俄羅斯總統普丁（Wladimir Putin）及義大利總理貝盧斯科尼（Silvio Berlusconi）等人共同的特點：說謊。為什麼政治家們不願對人民吐露真相？那本書的開章引用二〇一一年時盧森堡首相尚－克勞德・榮克（Jean-Claude Juncker，後擔任歐盟執委會主席）針對如何因應歐元危機而說的名言，也許是可能的答案：「要讓人認真信奉，就得說謊！（Wenn es ernst wird, muss man lügen!）」

烏布里希特那句政治謊言被桑德斯列在其書第一章，稱之為「一切謊言之母」（Die Mutter aller Lügen），因為太過深植人心，因此產生各種改造版本。例如，在一些不相信德國總理梅克爾的社群網路上，便流傳一張把梅克爾與烏布里希特並列的照片。當烏布里希特說著沒有蓋牆的想法時，梅克爾的照片圖說配了一句話：「沒有人想把德國伊斯蘭化」

（Niemand hat die Absicht, Deutschland zu islamisieren）。

所以如果在報章上看到以 Niemand hat die Absicht（沒人有這樣的想法）開頭的句子，請不要理所當然地以為真的沒人有這想法，極大的可能是，這篇文章在嘲諷一個說謊者。德國近年來大型房地產商買地建屋炒作房產，蓋了豪華住宅讓房價與房租飆漲，原來該區居民最後被迫搬遷至更便宜的地區，許多人為此「仕紳化現象」（Gentrifizierung）憤怒不已。我便在柏林行經一個工地時，見到圍牆上被噴漆：「沒人想要在這裡蓋豪華住宅（Niemand hat die Absicht, eine Luxuswohnlage zu errichten）！」

此外，二〇一七年社民黨黨魁舒爾茲（Martin Schulz）信誓旦旦表示，選後絕對不會與保守勢力組成大聯合政府，因為社民黨要追求的是勝選，是沒有右派色彩的執政。結果選後，二〇一八年社民黨還是與基民黨、基社黨合組大聯盟內閣。德國其他選擇黨（AfD）便在社群媒體上貼出舒爾茲的照片，配上這句話：

「沒人想要組成大聯盟（Niemand hat die Absicht, eine große Koalition zu bilden）！」

沒人想蓋一座機場

Niemand hat die Absicht, einen Flughafen zu errichten

外國人想像的德國人多脫不了工程師的形象：守時、嚴謹、高科技、務實。只是我每次聽到這種評語，總是想提一個例子，說明凡事總有例外：柏林機場。

嚴格說來，那叫柏林機場之一，而且還只是未來式。目前的柏林有兩座營運中的機場，荀內菲德機場（Schönefeld）與特格爾機場（Tegel），都是老舊的機場，完全不能夠因應統一後的首都需求，因此德國正在為其首都建造第三座，正式名稱是「柏林布蘭登堡威利布蘭特機場」（Flughafen Berlin Brandenburg Willy Brandt），以紀念戰後社民黨第一位聯邦總理，也是諾貝爾和平獎得主布蘭特。

柏林布蘭登堡機場自二〇〇六年開工以來，便被寄予厚望，可是它卻一次又一次地讓市民們失望。按照規劃，機場應該在二〇一二年完工營運，可是多年過去了，遲遲未完工，成千上萬的工程疏失使得進度嚴重落後。當年原來估計開工時間為二〇一一年，後來宣布延後到二〇一二年，但是這個時間不斷延後，二〇一七年年底，機場公司再次宣布，完工時間將推遲至二〇二〇年。

除了時間不斷延遲外，興建成本也不斷上升。當年開工時原估計總經費只需要二十五億歐元，後來發現這是不切實際的數字，不斷追加。最後完工時將需要多少經費，誰也說不準。

這個機場完全破壞了德國人被賦予的精準完美形象。德國之聲記者許利斯（Gero Schließ）就寫了「德意志精神去哪兒了？」的評論，說所有對德意志精神的過獎，到了柏林就會破滅，例如柏林當局怎麼蓋都蓋不好那座機場。

這座機場已經成為柏林人心中的痛，而向來以「柏林賤嘴」（Berliner Schnauze）聞名全國的首都人，更不可能放過嘲諷這個惱人的工程計畫。柏林機場就是這些年來很受歡迎的脫口秀梗或者網路鄉民梗。幾個令人印象比較深刻的笑話：

「柏林機場與火星有什麼共通點？三十年後，人類都可以踏上那塊土地。」

「機場開幕日，就是我開始運動那天。」

「沒人有意願蓋一座機場。」一九六一年時，東德頭子烏布里希特（Walter Ulbricht）

在國際記者會上回答記者提問時說「沒人有意願蓋一座圍牆」（Niemand hat die Absicht, eine Mauer zu errichten），兩個月後，東德便以迅雷不及掩耳的速度拉起鐵絲、蓋起圍牆。這句話被稱為德國政治史上最扯的睜眼說瞎話，也成為人盡皆知的名言。而機場公司每一次宣布的完工時間，對柏林人來說也幾乎是一樣的不足信了。

「查克羅禮士接手機場公司，機場明天開幕。」再提一下，這個從美國傳來的羅禮士笑話梗，也是德國鄉民很愛發揮的，也許他們真的期待羅禮士接手這個爛攤子。

「尤達接手機場公司，機場明天開幕。」星際大戰梗也是很流行的。為什麼尤達大師能夠蓋好機場？因為他曾經教訓天行者：「要嘛做，要嘛不做，沒有試試看（Do, or do not. There is no try）。」

（在很久的未來）「你還記得柏林機場興建的那段時間嗎？」「喔，記得啊，你是說我完成法律系學業，把兩個小孩扶養成人，並且後來移民火星住了五年的那段時間。」

二〇一三年，在歐巴馬總統訪問柏林時，大家都在猜他會說什麼，因為美國總統在柏林總是會留下改變歷史的名言，例如甘迺迪說的「我是個柏林人」（Ich bin ein Berliner）、雷根說的「戈巴契夫先生，拆掉這堵牆！」（Mr. Gorbachev, tear down this wall!）。《圖片報》頭版幫他想了這句：「沃維萊特先生，打開這座機場！」（Mr. Wowereit, open this airport!）因為沃維萊特是當時的柏林市長，二〇一二年時因為柏林機場宣布延遲完工，被媒體選為「最囧的柏林人」（der peinlichste Berliner）。

另外一則笑話，頗為經典：

「你會永遠愛我嗎？」

「會。」

「說，你對我的愛究竟有多久？」

「直到柏林機場蓋好前，我都會一直愛著妳。」

「你好浪漫！」

最後還可舉個例子，說明這座機場對德國人來說是多麼如揮之不去的夢魘。當二〇二〇年年初新型冠狀病毒在中國爆發時，全世界都密切注意中國如何防疫，德國也不例外。當時一個讓人不可思議的新聞是，中國以八天的時間日夜趕工建好火神山醫院。一次政論節目中討論中國防疫情形，主持人問一個與會專家如何看待火神山醫院的完工速度，專家認真地說：「唉，我來自柏林，所以你們應該知道我會說什麼……」現場來賓及觀眾臉上都浮現理解的笑容。

這座機場打破了大家對「德國製造」的信心，考驗著柏林人的愛，到二〇二〇年本書寫作時，還在不斷考驗著。也許依報導可見，應可以在這一年的十月開始營運。機場的天長地久有時盡，柏林人的此恨綿綿也不會無絕期。等柏林人終於盼來完工的一天，到時候「柏林賤嘴」可就少了許多發揮的機會，說不定柏林人也會有點惆悵吧。

我是同性戀，這也挺好的！

Ich bin schwul, und das ist auch gut so!

德國與臺灣一樣都是同婚合法國家，德國的同志平權運動走了相當長的路，這條路上有一個里程碑，不能不記下。那就是第一個出櫃的重要政治人物。擔任多年柏林市長的克勞斯・沃維萊特（Klaus Wowereit）。

在二〇〇一年競選柏林市長時，對手陣營想在他的同性戀性傾向上做文章，孰料，他率先在一場黨代表大會上丟出這個議題。他對著麥克風向全德國人宣布：「我是同性戀，這也挺好的！（Ich bin schwul, und das ist auch gut so!）」成為所有媒體的標題。

這句話，在德國政治史中成為經典名句，牢牢地被記在德國人的心中。

後來在其回憶錄《性感，但不再那麼窮：我的柏林》（*Sexy, aber nicht mehr so arm: mein Berlin*）中，沃維萊特說明為什麼當時要對著全國媒體出櫃。他說，自己從一九九三年開始便與其伴侶維持穩定關係，認識他的朋友、柏林許多政治人物以及記者都知道他的性傾向。但是，他不認為私領域的事情應該要放在公共空間討論，畢竟他自己是以「克勞斯」身分作為同性戀者而存在，而不是以政治人物的身分；另外，當時的新聞界也有一個基本的新聞倫理規範，對政治人物的報導，如果是私人領域，而非任何會成為司法議題的事務，那麼就停留在私人領域，不會成為媒體報導的內容（對照今日媒體運作方式，真不由得不教人感嘆「不同時代，不同習俗」（Andere Zeiten, andere Sitten）啊）；此外，當時也沒有政治人物公開出櫃。所以，他突然說出這句話，才有那麼大的震撼力。

他說，在社民黨討論提名人選時，他知道這是一個可能被對手攻擊的議題，便在會議上坦承自己的性傾向，讓社民黨能夠衡量選戰中可能出現的風險。在坦承之後，黨代表們給予掌聲，並決定提名他。但是，之後的黨發言人告訴他，施普林格媒體集團想要在這議題上大做文章，沃維萊特便決定，在黨代表大會上公開這件事。他並沒有先寫好講稿，就是覺得時候到了，該向所有黨員說明——他認為，這早該不是禁忌話題了。

多年後接受媒體訪問時，沃維萊特說，他的黨內戰友知道他想在黨員大會上出櫃，抱持反對意見。但是他自然而然地就說出來了，因為那時候的心情是：「我不需要隱藏我自己。」但是，原來他心中的版本是：「我是同性戀，而且我不需為此抱歉（Ich bin schwul – und dafür muss ich mich nicht entschuldigen）。」但是他並沒有事先與其競選團隊討論過這個講法，後來站上講台後，他臨時決定改為後來這個傳頌各地的版本。神來一筆。

於是，「我是同性戀，這也挺好的！」成為推動德國同性戀、爭取平等地位浪潮的一股強風。沃維萊特在說出這句話後，對德國公眾丟下一顆震撼彈，成為全國媒體爭相訪問的對象，他接到來自各政論節目的邀請，也接到許多充滿仇恨言論的信函。一夕間，他成為全德知名的政治人物，也成為最知名的同性戀者。

在這句話傳頌全國後，想當然耳，來自反對陣營的聲浪也很強烈。例如，基督教會的刊物《趨勢》（*Tendenzen*）刊出社論，批評現在大家似乎都感受到自己身處在「同性戀時代浪潮」（**Schwulsein-Welle**），似乎是很酷的事，但實際上不然。在美國舊金山對同性戀早無批評，但是德國真的要模仿這樣的「錯誤」嗎？該篇社論呼籲，請回到《聖經》的教誨。

姑且不論其對《聖經》詮釋正確與否，這篇社論說對了一件事，確實有一股時代浪潮正在產生。二〇〇七年時民調顯示，近八成德國人可以接受未來德國聯邦總理由同性戀者擔任。而二〇一七年德國國會通過，正式承認同性婚姻合法。同性戀逐漸取得更平等的地位。

這也挺好的。

窮，但是性感

arm aber sexy

說到沃維萊特，他的另一句名言也值得一提：「窮，但是性感」（arm aber sexy）。這也是許多人對柏林的印象。

這句話，使得他成為名字與柏林緊緊連在一起的市長。沃維萊特是百分之百的柏林人，出生於西柏林，於二〇〇一年開始擔任柏林市長，在任的十三年期間，把這個統一後的首都，打造為一個熠熠發亮的文化之都，吸引了來自全世界懷抱著夢想的人來此築夢。這句話深深打動他們：「窮，但是性感」。

柏林的窮，是長久的「傳統」。冷戰時期，因為兩德分裂，西柏林被東德包圍起來，是一座共產主義勢力中的西方孤島，因此，這個地方實際上由同盟國管轄，在西德其他地方的德國男性有服兵役義務，西柏林則是例外之地。也因此，冷戰時期約有五萬來自西德各地的青年為了擺脫兵役，來到這政治、歷史與軍事的例外之地，也一同打造了柏林的次文化，使得西柏林成為冷戰時期的學運重鎮。

而柏林的青年，給予了這座城市貧窮而自由的特色。柏林稅收不多，必須依賴來自聯邦政府的補助；這裡物價低廉，物質慾望不高的話很容易在此存活；而這些青年們所帶來的另類文化，更是緊緊與這城市結合在一起。我仍居住在柏林時，認識一位七〇年代在柏林自由大學讀漢學的朋友，他說，那個時代學中文，不為以後能有什麼前途，就是覺得有意思而已。可以想像，當時柏林有無數覺得就是有意思而選擇了不符合社會期待的生活的年輕人。

沃維萊特也是生活於這個時期的這座城市其中一人，不過他讀的是很符合社會期待的學科——法學。七〇年代，沃維萊特在柏林自由大學完成法律系學業，並通過兩次法學國家考試，不過他對於擔任法官或律師並無興趣，在讀書期間便加入社會民主黨，畢業後便開始在柏林的從政生涯。直到二〇一四年他宣布退出政壇為止，這期間曾歷任市議員、市長，以及曾經短暫擔任過德國參議院議長。

在成為柏林市長後，他在一次訪問倫敦的機會裡說出這句話，但並沒有引起重視。後來在二〇〇三年接受德文媒體《焦點財金》（*Focus Money*）訪問時再次說起，這次全德國媒體都轉述，而全國人民都聽見了，柏林雖窮，但很性感。

沃維萊特眼中的柏林確實是窮的，二〇一五年時，全國領取失業救濟金的人口比例是七・五%，而向來面對柏林時有傲氣的慕尼黑，領取失業救濟金的市民比例更是只有四・

四%，與此相比，柏林市民中領取失業救濟金的，高達十一・八%。可是柏林也是性感的，這座大城市是不夜城，提供給夜貓子各種活躍的地方，滿足各種人的需求、各種不同的生活節奏。[1]

這句話，給予柏林人光榮感，也因而注定被寫入德國歷史中。這是一句太有魅力的話，簡潔有力且自信，也因此有其他模仿的版本。例如卡塞爾市（Kassel）有一家夜店，店名就叫「窮，但還過得去」（Arm, aber okay）；記者吳爾芙（Rosa Wolff）出版的《窮，但還是要有機飲食》（Arm aber Bio!）；德文版的美國情境影集《男人兩個半》（*Two and a Half Men*），其中一集的標題「窮，但美麗」（Arm aber schön）等等，顯然都是對這句名言的致敬。甚至二〇一八年他出版回憶錄時，書名都叫作《性感，但不再那麼窮：我的柏林》（*Sexy, aber nicht mehr so arm: mein Berlin*），可見這句名言在他生命中的地位。

沃維萊特在任十三年，是貧窮的柏林人最喜愛的性感的市長。他離開市政府後，柏林報紙上刊出許多讚賞與不捨之聲，其中一段這麼寫著：

「謝謝，因為您沒有留下一座沃維萊特的雕像，也沒有在綠地上蓋一座超現代藝術中心或一座超巨大圖書館。這些您都不需要。沒有這些，人們還是會記得您。直到今日，嬉皮的年輕人們都還背著購物袋到處走，上面寫著您的話：窮，但性感。」

另外一人投書這麼寫著：

「謝謝，您公開承認了您的同性戀傾向，這樣也挺好的。那雖然只是一句話，可是為同性戀被接受所做出的貢獻，比許多長篇大論更多。」

這兩段話可以看出沃維萊特在柏林人心中的地位。但是，當然沒有任何市長或政治人物可以百分百受到所有人喜愛，沃維萊特的許多政策，如柏林機場蓋了多年怎麼樣也無法完工，放任房價高漲，社會住宅供給不足等，都是可受批評處。但無論如何，未來的德國人會記住他，因為這位自信滿滿的市長，讓所有同性戀者也能說出「這樣挺好的」，並愛著他雖窮但性感的家鄉。

---

1 Klaus Wowereit, Enrik Lauer, *Sexy, aber nicht mehr so arm: mein Berlin*. Edel Books, 2018.

自由死

Freitod

德國每年因為自殺而過世的案例有一萬多起，這個數字在先進國家裡並不算太高，跟德國其他死因比起來，只有大約一％，不算突出。不過跟非自然因素死亡相比，德國每年因交通事故身亡的還小於這個數字的三分之一，而謀殺身亡的每年不到三百起。自殺，還是德國滿值得觀察的現象。

自殺這個字在德文裡有許多表達方式：官方用語常用的Selbsttötung，意思是自己殺死自己，日常用語Selbstmord也是這個意思，而從拉丁文來的Suizid，是比較少用的書面語，意思也是殺害（caedere, -cidere）自己（sui）；另外，比較文雅委婉的動詞片語sich entleiben，也是表達結束自己的生命。

在德文中有另一個特別的表達自殺的字，字面上沒有殺害自己的意義：Freitod。這個字由自由（frei）與死（Tod）構成，直譯是「自由死」。

「自由死」這個字應該是來自尼采的著作《查拉圖斯特拉如是說》。該書的名篇〈論自由之死〉（Vom freien Tode）中開篇的名句傳頌了整個德語區：

「許多人死得太遲，有些人又死得太早（Viele sterben zu spät, und Einige sterben zu früh）。」

尼采浪漫化了死亡，說「能夠死亡是最美好的事」，「我向你們頌讚我的死亡，那自由之死，它朝我而來，因為我如此意願著。」「自由而死，在死中而自由（Frei zum Tode und frei im Tode）。」這個「自由而死」，其實是以自由意志（freiwillig，一般翻譯為自願）選擇死的意思，因此這可以被讀成一個雙關語。這個自由的（frei）一字，其實也是表達出於自身的意志。

隨著尼采哲學流行，「自由死」的概念也廣為流傳。大眾用這個字婉轉地表達自殺，避開了「殺害」（töten; morden; ermorden）的概念，表達自殺者結束自己的生命並不是殺害誰。

為什麼要避開這個概念？因為殺害生命是一種罪（雖然殺害自己在德國刑法中並不是罪），殺害這個字明示了法律上的罪責，也是宗教意義上的罪。基督教的戒律「你不可殺害」（Du darfst nicht töten），禁止的是殺害之行為，不管受害者是他人或自己。被稱為「二十世紀教會之父」的瑞士神學家卡爾・巴特（Karl Barth）的一句話正可代表此一立場：「人類的生命不屬於他自己，而是屬於上帝。」

「自由死」婉轉避開罪的概念，強調自由，有兩層面的涵義：一、在自主意義上的自由，自殺是行使其自由意志，如尼采所論；二、解放意義的自由，自由也有「從……解放、免於……」之意（例如有部電影「免於恐懼」就叫做 Frei von Angst），因此自由死暗示透過結束生命免於原有的困境。

二〇〇一年時，德國前聯邦總理科爾（Helmut Kohl）的夫人韓蓮洛（Hannelore Kohl）自殺，震驚全德。她長年受病痛折磨，罹患罕見的對光過敏的疾病，如不生活在完全的陰暗裡就必須忍受劇痛，且她對止痛藥過敏，一吃止痛藥就有致死的危險，因此她不得不斷絕正常的社會生活，獨居在萊茵法爾茲邦的鄉下房屋的地下室裡，最後她選擇了吞藥自殺。她死後，媒體激辯其自殺抉擇，究竟是殺害自己，或者是自由死，以死結束其多年痛苦。尤其是這樣一個有宗教信仰的人，自殺是應該的嗎？

現在的基督教已不像中世紀時期對自殺的立場那麼嚴峻，例如當年德國神學家克雷伯（Joachim Georg Wilhelm Klepper）於一九四二年即將被納粹解送到集中營前，帶著妻女一起自殺，他認為，在這種最極端的亂世裡，自殺是一種抵抗，而且必將為上帝所允許。而巴特的神學著作裡，對某些情境下的自殺者也有著同情（例如受政治迫害者）。

早期教會拒絕為自殺者舉行告別式，但是韓蓮洛的告別式也在天主教的史拜爾主教教堂裡舉行。甚至連立場向來強硬的義大利的教會都改變了立場，義大利曾有一個知名案例：ＤＪ法博（Fabo）在交通事故中造成頭部以下癱瘓與失明，才四十歲的他忍受不了這樣的餘生，去瑞士結束其生命。二〇一七年三月時米蘭教堂為法博舉行了告別式，這可看出現在的教宗方濟各不同於以往的作風。現在，除了非常強硬的教徒外，多半都能接受，自殺不能一概而論，毀損上帝所贈的生命仍然是罪，是對上帝無信心，但在某些情形下，那是可被赦免的罪。

自由死這個德文字，也許太過尼采，太過浪漫化死亡，我總想，自由真的是完全自己可以決定的嗎？自由真的有那麼簡單？對自己放手，就自由了嗎？選擇離開，使摯愛之人置身於傷痛中，豈不也是以摯愛之人的不自由換取自己的自由？可是不能不承認，人類的能力確實有限，有些深淵真的超出其身心承受苦痛的能力，對於喪失求生意志者我們需要多些寬容，我們不曾走到極限，實在難以了解身處極限的人承擔著什麼；另外隨著時代變化，人們逐漸走向越來越長壽卻又病痛孤獨的老年，關於死亡的議題，我們無可迴避，必須思考討論在步入死亡之前的生命尊嚴，不管我們終將自由或不自由地離開。

二〇二〇年二月二十六日，德國聯邦憲法法院做出了一個劃時代的判決：此前刑法二一七條規定醫療人員不得營業化地協助自殺（Geschäftsmäßige Förderung der Selbstötung，也就是說，一再提供專業知識給希望安樂死者以完成自殺，是否收費並非法律考量，重點是這種協助是重複行使的），違憲。憲法法官說，因為人具有人格權（Persönlichkeitsrecht），也有結束自己生命的自由，而禁止尋求安樂死可能性的人向醫療人員求助，就是侵害了他的人格權及自由。這個判決勢必將改變德國臨終醫療的走向，也正是對「我們可以怎麼道別？」這個困難的問題，提出了一個勇敢卻必要的答案。

登船吧，你們這些哲學家們！

Auf die Schiffe, ihr Philosophen!

每年六月七日，德國詩人賀爾德林的忌日，法蘭克福附近的巴德洪堡（Bad Homburg）市會頒發「賀爾德林獎」。獎金只有一萬兩千五百歐元，但是重要性不可小看，該獎項創始人之一就是當年德國文壇操生殺大權的批評教父萊希－拉尼茲基（Marcel Reich-Ranicki）（他本人也在兩千年時獲得這個獎項）。而這個獎二〇〇六年的得主是薩弗蘭斯基（Rüdiger Safranski）。

薩弗蘭斯基得獎的理由是，「能在德國的詩人與思想家之傳記中，展現高度的明晰性。」可見其最為德國出版界注目的，就是其傳記書寫。他所寫的傳記著作不只有深度（媒體評論他「為德國傳記書寫立下黃金標準」），且每一本都是暢銷書，例如他為歌德、席勒、賀爾德林等都寫過傳記。在這個思想的國度，能成為暢銷書的哲學著作，絕對必須是水準以上。獲獎可謂實至名歸。

他是一個哲學家，也是作家，曾在法蘭克福大學當過阿多諾的學生，後來在柏林工作並獲得博士學位。他的特點是非常擅長用通順清楚的文字描述思想以及思想者的生平，及兩者間的關係。他為德國哲學家做的傳每一本都清晰好讀，又不失深度。

以傳記形式書寫哲學思想，深入地從哲學家生平鋪陳其思想與時代之關係，在德國哲學界已有許多經典。例如哲學家黑格爾的弟子羅森克蘭茲（Karl Rosenkranz）的《黑格爾之生平》（*Georg Wilhelm Friedrich Hegels Leben*）、哲學家福爾倫德（Karl Vorländer）的《康德：生平與著述》（*Immanuel Kant: Der Mann und das Werk*）、卡西爾（Ernst Cassirer）的《康德的生平與學說》（*Kants Leben und Lehre*）等，都是精彩的作品。薩弗蘭斯基接在這個思想史傳統上，其傑出表現，使得其作品在二〇〇三年被《慕尼黑晚報》（*Abendzeitung*）評選為「專業書籍類年度佳作」，媒體這麼讚許：「沒有人能夠以如此充滿樂趣的方式填補我們的教育空缺。」他也因其傑出作品被聘為柏林自由大學哲學系榮譽教授。

已經七十幾歲的他，終生是個對於文學、哲學深情無比的閱讀者及寫作者，為把時間奉獻給寫作而住在鄉間。他全心全意地投入於德國近代哲學，在一篇訪談中，他這麼說：「我的思想興趣的最大特徵是：蘊含著神學性質的東西，另外我也喜愛哲學中的詩性，以及詩中的哲學之物，所以我不能讀分析哲學，我每讀必即刻陷入昏睡。」

我手上有他的尼采傳、德國浪漫主義、歌德傳以及海德格傳，都是我愛不釋手的哲學讀物。我仍記得第一次知道他作品的那天，是當初在德國讀書時，在研究室裡與老師討論海德格，老師從書架上抽出了一本書，建議我讀，那正是薩弗蘭斯基的海德格傳，他認為那是一本非常好的海德格哲學導論。確然，那本《來自德國的大師：海德格與他的時代》（*Ein Meister aus Deutschland. Heidegger und seine Zeit*）已成為對海德格思想感興趣者的必讀之作。

另外值得一提的是，德意志第二電視台（ZDF）自二〇〇二年至二〇一二年播出的「哲學四重奏」（Das Philosophische Quartett）節目，主持人就是他和哲學家斯洛特戴克（Peter Sloterdijk），每次邀請另兩個哲學或文學者，在節目中大辯各種生活、哲學、文藝、思想問題，火力十足。很可惜地，這個節目於二〇一二年停播，薩弗蘭斯基說，當時節目的品質很好，收視率也好，可是電視台卻認為不該太給觀眾帶來重擔，「這很糟糕，因為如果我們給觀眾帶來的太少，觀眾將不再覺得感動，結果就是關掉電視。」

二〇一八年，他獲頒「德意志國家獎」（Deutscher Nationalpreis），獲得五萬歐元獎金，評審團說，這位「德國最知名的傳記作者」，在過去幾十年間以其易讀的作品，讓更多的讀者接觸德國人文思想史的重要哲學家與文人，是德國文化的重要傳遞者，尤其在不安的時代裡，人們有尋求精神家園的需求時，更能見其價值。

評審團對他的評價不虛。在一次訪問中，節目主持人問，為什麼這麼熱中於書寫十九世紀人的傳記。他答道：是的，他熱愛十九世紀，因為那是德國文化對世界文化做出巨大貢獻的時代，在文化史上能有這麼激動人心、出現這麼多不可思議創造力的「炙熱期」（heiße Phasen），也許只有義大利的文藝復興，或古希臘短暫的時間。在這樣的天才時代裡，人們以熱情與能力創作出前所未有的東西。而十九世紀就是德國的文藝復興。

「我把我的工作也多少理解為記憶的工作（Erinnerungsarbeit）：我希望能夠有所貢獻，讓傳統不致消毀，讓我們不會忘記某些特定的東西。」他筆下的十九世紀，筆下的那些人的生命光輝，證明了德國擁有珍貴的文化遺產，作為「詩人與思想家之國」、「文化之國」當之無愧。

在「德意志國家獎」頒獎典禮上，德國基金會聯邦協會（Bundesverband Deutscher Stiftungen）主席的致詞以這句話開始：「登船吧，你們這些哲學家們！」（Auf die Schiffe, ihr Philosophen!），這是尼采在《快樂的科學》（*Die Fröhliche Wissenschaft*）中的呼喚，但也是薩弗蘭斯基之浪漫主義作品的開章之句。尼采呼喚哲學家登船，離開穩固的大地，航向未知之領域，預示了一場不安卻又刺激的追尋自我之旅。而這正是每次我閱讀薩弗蘭斯基作品的感觸。

對世界感到痛苦

Weltschmerz

亞里斯多德在其《問題》（*Problemta*）中討論無所不在的「憂鬱」（Melancholie），寫道：「為什麼一切偉大者，不管是哲學家、政治家、詩人或藝術家，都顯然曾是憂鬱的人（Melancholiker）？」這個問題其實正好可以用來形容德國這個詩人與思想家之國。德國人是悲觀的民族，時常處於憂愁中。

德國人的民族性中，深藏著憂愁。因而這也成為德國藝術作品中很喜歡表現的主題。中世紀時德國最重要的畫家阿爾布雷希特・杜勒（Albrecht Dürer）的名作《憂鬱Ｉ》（*Melencolia I*），就是最知名的一幅版畫。畫中憂鬱的天使，即使腰間纏著象徵權力與金錢的鑰匙與錢袋，依然愁眉深鎖，這幅畫中有太多不可解的謎，天使身後的牆上掛著十六個數字組成的四階幻方，上下、左右、對角直線總和都是三十四，上下左右四個方塊數字總和也都是三十四，最下方的15、14數字說出了此畫創作的年代。可是這些數字與這個世界的關係為何？天使拿著圓規，想丈量世界嗎？她的憂鬱來自世界的不可知嗎？

觀看這幅畫時，我心中總浮現這個字：Weltschmerz。這個字由世界（Welt）與痛苦（Schmerz）結合而成。何謂世界之痛苦？十八世紀的德國作家讓・保羅（Jean Paul），被認為創造出了 Weltschmerz 這個字，從此通行於德語區，更是完美地表現了這樣的憂鬱形象。不過在他那裡的 Weltschmerz，指的較是「世界所有痛苦之總和」。例如，他在小說《賽琳娜或者關於不朽》（*Selina oder über die Unsterblichkeit*）中這麼寫著：「只有在看見未來確能被賜福時，他才能夠忍受這樣的世界之痛苦。」從此這個字彙流行於德語區，他的名字與之再也分不開。二〇一三年保羅的兩百五十周年誕辰，德國媒體上紀念的專文，就叫做〈發明了世界之痛苦的詩人〉（Der Poet, der den Weltschmerz erfand）。

今日德國人理解這個字的方式，可從《杜登》字典的解釋中看出：

「按自身的願望與期待來省視，進而產生決定了靈魂的根本情緒的對於世界及世界之不足的痛苦、哀傷與煩惱。」（die seelische Grundstimmung prägender Schmerz, Traurigkeit, Leiden an der Welt und ihrer Unzulänglichkeit im Hinblick auf eigene Wünsche, Erwartungen）

另外，格林兄弟字典也將 Weltschmerz 定義為「對於世界之不足而產生的深沉之哀傷

（tiefe Traurigkeit）」。瓦維克字典（Wahrig）的解釋是「相對於自身的願望與要求而產生的世界之不足，所帶來的痛苦與悲傷。」

這個複雜的「世界之痛苦」，有些人會翻譯成厭世，但是厭世的意思其實無法完全涵蓋 Weltschmerz，因為厭世可能是自身主觀的對世界之嫌惡，但是世界之痛苦，來自於對世界的期待，卻發現世界不若自己的想像，進而在落差中生起的無法消除的傷感。那是理想主義的幻滅，是悲觀主義所構成的世界，是一種對世界也對自己的「失望」。

世界之痛，是因為我們見到了世界正承受著痛苦，因而我們自身也感受到了痛苦。你的憂傷，並不是因為你個人的處境，而是這個世界如此可悲，而你承擔起了為世界悲傷的責任，卻又對世界無能為力。

舉例來說，當巴黎聖母院毀於火焰中時，許多德國人在電視前看到了人類文化的崩毀，真切感受到了「世界之痛苦」。燒毀的並不是他們的家園，而是遠方他國的教堂，可是，即使沒有直接的關係，德國人的靈魂中憂傷的部分，還是被呼喚了出來。

德國文學教授麥爾－錫根迪克（Burkhard Meyer-Sickendiek）為《浮士德手冊》（*Faust-Handbuch*）所撰文章指出，Weltschmerz 一字在一八一〇年開始到一八四〇年間，盛行於德語詩人的作品中，而這也與歌德的《浮士德》（*Faust*）成書有關（該書完成於一八〇六年，出版於一八〇八年）。這是有道理的，這種對世界感受到的痛苦，已經在這部德國民族最偉大長詩中的副標題讀到了：《悲劇》。

《浮士德》開始前的序曲，魔鬼梅非斯特與上帝打賭，浮士德博士只會走上魔路。於是這部詩篇便開始於那個浮士德焦急的心境。我們讀到一位皓首窮經的博士，困於所知有限，「一切歡樂從此遠去」。他嘆：「你可知道，你的心究竟為何煩惱？無以名之的痛苦扼斷了你一切的生源，你還不知道是什麼緣由？」

那「無以名之的痛苦」，正是對這未知的世界感受到的深深的憂愁。

此外，Weltschmerz 這個字，也收入明斯特大學的哲學家里特（Joachim Ritter）等人所編輯的《哲學歷史詞典》（*Historisches Wörterbuch der Philosophie*），文學教授拉許（Wolfdietrich Rasch）為該詞典寫的 Weltschmerz 詞條，指出這個十九世紀晚期浪漫主義思潮中流行的「自我與世界之間不可消解的背反」，在歌德的早期小說《少年維特的煩惱》（*Die Leiden des jungen Werthers*）也可以看到。不過他認為，該書雖然敘述這種對世界不滿的愁苦，但是該書出版於一七七四年，當時還沒有後來意義的「對世界之痛苦」，而只是一種個人之憂鬱；十九世紀開始，憂傷與痛苦，才與「世界之拒斥」（Weltverneinung）結合起來。

這種十九世紀上半葉流溢於文學作品中的感嘆與懷疑，在詩人海涅（Heinrich Heine）

寫於一八二四年的〈羅蕾萊〉（*Die Loreley*）詩中的名句，也可以看到這樣的情緒：「不知何以，我如此憂傷。」（Ich weiß nicht, was soll es bedeuten, dass ich so traurig bin.）海涅作為憂鬱者的代表，推動了歌德的悲劇傳統，除了他自己一生始終處於無法與世界和解的狀態中，他的文學作品也是充滿悲憤傷感的，例如其《德國：一個冬天的童話》（*Deutschland. Ein Wintermärchen*）那句「當我在夜裡想起德國，我便不能成眠，無法合眼，熱淚盈眶。」字裡行間的憂愁不只是因為個人宿命，還在於對自己的國家與民族的期盼。

此外，海涅在一八三一年描述巴黎藝術品的文章中，將 Weltschmerz 定義為「對於世間偉大事物的消逝所感受的痛苦」。這個偉大事物，是祖國，是家園，是在現在令人窒息的專制統治下消失的精神國度。因此，在一八六五年的《皮耶賀大辭典》（*Pierer's Universal-Lexikon*）中，這麼定義 Weltschmerz：「Weltschmerz 是在十九世紀二〇年代，許多德語詩人對政治希望與期待被打壓後的失敗，所表達的一種低落的情緒，其主要代表者就是海涅。」這樣的定義，把對世界的痛苦與政治事件結合起來，我們看到德國人如此憂鬱，是因為懷著無法被滿足的政治期望。

當時有什麼樣的政治期望？一七八九年，法國大革命，共和國的時代來臨，德意志大地上也出現了呼喚革命的呼聲，例如哲學家黑格爾便在求學時讀到革命的消息時，與朋友們歡呼「法國萬歲！」地方的宮廷貴族還到大學裡抓那些鼓吹革命的學生。可見，當時民心思變，可是，德國卻一直沒能產生一場真正的共和革命。這也是後來海涅遠走巴黎的原因，他渴望生活在思想自由的國度，而這樣的自由是當時的德國無法給予的。

革命終於在一八四八年來到德國。當時的立憲代表們齊聚法蘭克福，在保留帝制的前提下，通過了一部非常進步的憲法草案，原有機會透過立憲運動，讓德國走向民主共和，後來卻被守舊派鎮壓，無數對改革抱有希望與熱情的人遠走他鄉避難，這也是另一次讓人受挫的政治事件。好不容易要告別專制的希望之火苗被揑熄，這個世界，依然使人痛苦與憂鬱。

除了文學、哲學、政治，在藝術上也可以看到這種心境。當時知名的畫家卡斯帕・大衛・弗里德里希（Caspar David Friedrich），便是一位最專注於憂鬱主題的藝術家。在他筆下，風景不再只是風景，而是帶著滿滿的個人情緒，且非常沉重。在他的許多作品中，都可以看見個人面對巨大的自然，我們對那無限的世界不能不心生敬畏。例如，一八一八年畫的《霧海上的旅人》（*Der Wanderer über dem Nebelmeer*），那也許是德國藝術史中最知名的背影，面對茫茫大海，看不清楚遠方，在此岸遙望彼岸，如同生死之隔。此外，一八一〇年的《海邊修士》（*Der Mönch am Meer*），也看到了渺小的個人所面對的巨大虛無。他這樣的創作主題，除了個人因素影響（從他留下的文字與友人的形容，醫師確診他應罹患憂鬱症），也與當時揮之不去的憂鬱的時代精神相關。

不過，到了十九世紀下半，「對世界的痛苦」因為太過流行而被濫用，成為帶有諷刺意味的說法，被拿來形容青年人憂愁狀的故作姿態。事實上，很多愁苦只是個人的不幸，但是很多人卻歸咎於世界，因此「對世界的痛苦」便帶着可笑的面貌。尼采便在《道德系譜學》中明確地拒絕了「歐洲的對世界之痛苦」（der europäische Weltschmerz）。

該是我們離開的時候了

es ist Zeit, daß wir gehen

德語中有個形容女性的詞：珊蒂柏（Xanthippe），其典故來自古希臘。那是蘇格拉底的老婆，在哲學家弟子們筆下以善妒易怒形象出現，究竟本人是否真的如此，恐怕還有待釐清，不過悍妻形象已深植人心，所以如果形容某人太太是一個珊蒂柏（eine Xanthippe），那可以想像這位某人生活在多大的婚姻壓力中。

但是當然，對於德語世界影響最大的不是哲學家的老婆，當然還是哲學家自己。「蘇格拉底」（Sokrates）這個名字代表的已經不是一個人，還是熱愛智慧的形象。德文的 sokratisch 這個形容詞，指的就是經過哲學方式審慎思索的，例如「一個非常蘇格拉底式的決定」（eine sehr sokratische Entscheidung）。

蘇格拉底對世人的意義，除了熱愛思考、追求真理外，更重要的是，他對於正確與良善的堅持，即使犧牲生命也不願妥協。

柏拉圖寫的《蘇格拉底的辯詞》（*Apologie des Sokrates*），從學生時代以來，不知讀過多少次，每一次再讀還是有很強烈的感動。那第一句，也許是政治哲學史上最知名的第一句：「各位雅典人哪，控告我的人的發言，引起你們什麼樣的感受，我不知道……」（Was wohl euch, ihr Athener, meine Ankläger angetan haben, weiß ich nicht...）

雖然這個蘇格拉底面對全雅典公民而發出的第一句，令人印象深刻，但是我始終忘不了的是最後一段。在自辯將結束時，蘇格拉底表示他毫無怨言地接受死亡，並不恨那些投票判他有罪以及控告他的人，但是，他懇求那些即將奪去他生命的人們「一件小事」：

「當我的兒子們長大成人，而你們覺得他們追求財富以及其他的事物，比追求道德還要熱中，那麼我怎麼折磨各位的，也請你們報復、同樣地折磨我的兒子們；如果我的兒子們自以為是，可是事實上卻一無可取，也請你們去譴責他們，如同我曾經譴責你們一樣：不去追求真正應該追求的，反而自我感覺良好，實際上卻將成一無是處。如果各位這麼做了，我以及我的兒子們都會知道你們做了正義的事。」

說了以上這段請求後，蘇格拉底說出了他人生最後一句話，那德譯文如此清晰簡單動人，抄寫如下：「es ist Zeit, daß wir gehen: ich, um zu sterben, und ihr, um zu leben. Wer aber von uns beiden zu dem besseren Geschäft hingehe, das ist allen verborgen außer nur Gott.」中文

是：「該是我們離開的時候了——我離開，是為了死去，而你們離開，是為了活下去。我們之中，誰會往更好的地方去呢？除了神，誰也不知道。」

沒有任何一部政治思想著作的結尾比得上這一段，能夠讓我每次讀，每次都有落淚的衝動。

政治思想家漢娜‧鄂蘭（Hannah Arendt）也很重視蘇格拉底的辯詞，在《政治的承諾》（*The Promise of Politics*）中的〈蘇格拉底〉篇，她認為這個審判與定罪，代表哲學家無法說服法官與市民。「辯詞」雖然是偉大的演說示範，呈現哲學家的思考都是為了城邦利益，但是卻說服不了誰；哲學家不被需要，論證不被需要，真理與絕對標準不被需要，唯一做決定的，是雅典人不負責任的意見。她寫道：

「就歷史而言，蘇格拉底的審判和定罪，形成了哲學與政治之間的鴻溝，這件事在政治思想史上的意義，如同耶穌的審判和定罪在宗教史上的意義。蘇格拉底的死，讓柏拉圖對城邦生活心灰意冷，同時也質疑蘇格拉底思想義理中的某些根本元素，而我們的政治思想傳統就是從這裡開始。」（《政治的承諾》，漢娜‧鄂蘭，左岸文化）

西方政治思想傳統由此開始，鄂蘭此語絕不為過。後世政治思想史中的關鍵問題：真理是什麼？政治修辭是什麼？城邦生活的利益？何謂正義與善？政治洞見與哲學的關係？這個辯詞都是探問的起點。蘇格拉底離開、死去，而他所向雅典人丟出的問題，當代政治思想一直都還在嘗試回答。

蘇格拉底重視的是超越現實的良善價值，是最終的正義，除此之外都不值得追求。在柏拉圖另一本對話錄《斐多》（*Phaidon*），描述蘇格拉底死前與朋友的對話。他要朋友們不要悲傷，因為他所捨棄的只是肉體，對於哲學家來說這是再幸福不過的事了，因為高貴的靈魂得以擺脫欲望的拖累，不受干擾地專心一意追求真實。當其朋友克里同（Kriton）來探望蘇格拉底時，妻子珊蒂柏抱著小兒子哭喊著：「啊，蘇格拉底，這是你的朋友和你交談的最後一次了啊。」蘇格拉底只是冷冷地看著他的朋友說：「克里同，找誰送這女人回家吧。」對他來說生無可戀死亦無懼，他離開朋友與妻兒並非應該憂傷之事，因為他所去之處是每一個哲學家的歸處。而珊蒂柏在哲學史上再次以負面形象出現，她不只脾氣暴躁，還只知兒女情長，不懂真理的價值。

法國畫家達維特（Jacques-Louis David）於一七八七年所畫的油畫《蘇格拉底之死》（*La Mort de Socrate*），勾勒出了哲學家說出盼望雅典人監督他的兒子們要行正義後，與眾人道別，準備離開之際。畫中蘇格拉底一手準備接過毒酒，另一手仍指著天上，似乎說著有超越俗世的更高良善之物，比起生命更應該被重視。遠方也許是親友，已做好道別準備，而蘇格拉底的身邊，也許是他的門徒與奴隸，仍處在拒絕接受及哀痛的時刻，即使蘇格拉底說，也許比起雅典人，他才是走向更好地方的人。

輯二

語言與文化

驚嘆

Verwunderung

德國北萊茵西法倫邦於二〇一七年選出新的內閣，其中一項由新內閣提出的重要教育政策改革就是：引進國小哲學課。

此前，該邦國小有宗教課，但是在基督教傳統下的德國教授的自然是《聖經》。作為一個政教分離的國家，德國公立學校不能強迫所有學童接受一致的神學信仰，因此學生可以選擇不上宗教課，但在許多邦的學校裡提供替代選項，例如哲學課，只是北萊茵西法倫邦迄今並無此替代課程。不願上宗教課的學童，只能在教師看管下自由活動，人們戲稱為「照管異教徒」（Heidenhütten）。

得不到替代課程的「異教徒」，目前在該邦共有約十一萬四千人。無信仰的學童越來越多，二〇一五到二〇一六學年，該邦有十八・四%小學生無宗教信仰，而三十五・二%是天主教，二十三・三%是新教，十七・二%是伊斯蘭教。

綠黨尤其支持這項政策，其議會教育政策發言人貝爾（Sigrid Beer）便強調，讓孩子們去思考重要的意義與價值問題，是很重要的一個教育環節。於是，明斯特大學哲學教授布列森肯伯（Klaus Blesenkemper）便接受委託，設計了「與孩子們作哲學」（Philosophieren mit Kinder）的課綱，推動小學課程改革計畫。

不過，在德國小學上哲學課，早就不是新鮮事。北萊茵西法倫邦其實原來也已經有一些學校跑在官方政策之前，先提供了相關課程；另外，有些邦早已完成相關課改，例如石荷邦（Schleswig-Holstein）早在二〇一〇年時改革，引進國小哲學課作為宗教課的替代選項，並由教育廳制訂哲學課程課綱。

這個課綱引用哲學家康德的四個哲學核心問題，將授課內容分成四個核心領域：「我能夠知道什麼？」「我能夠做什麼？」「我能夠期望什麼？」「人是什麼？」在這四個領域下，訓練各不同年級的學生一步一步思考各種價值、知識、行動等問題。

我基本上贊成國小哲學課，除了能夠補上宗教課的不足這個實際理由外，相較於法國，德國也在哲學基礎教育上落後甚多。德國曾經是思想家之國，可是，現在的德國學校教育中，哲學並非必要或重要的學科。法國哲學家恩霍文（Raphaël Enthoven）在接受德國政論雜誌《西塞羅》（*Cicero*）期刊專訪時便表示，鑒於哲學在德國並非必修，理論上一個德國學生讀到高中畢業，確實有可能一本哲學書都沒讀過。一個曾經產出無數思想家與詩人，且定義了哲學的國家，竟如此輕視哲學，他感到震驚不已，他說，「哲學是基本人權」，「我同情你們德國人」。

為什麼哲學是基本人權？因為想知道人生根本問題的答案，從我們會說話、思想開始，就已經是每個人的需求。因此，小學引進哲學課正有其必要，但是，前提條件必須滿足：必須有專業師資。這不是哲學系或教育系畢業生就能擔任的工作，而必須受過哲學教育訓練，並且編列員額聘用合格師資，而不是讓現有教師在未受相關訓練的情形下增加教學負擔。因為小學的哲學課與大學不同，不是要深入理解哲學家，而是要給予學生思考的方法，給他們工具去探索這個世界。

有人會懷疑，在十歲不到的階段，真的適合帶著他們思考人生根本問題嗎？當然小學不會去討論民主的優劣這樣的複雜問題，可是我們不管年紀多小，一直在面對人生重要的問題，例如對與錯、善與惡、生離死別、朋友是什麼、我從哪裡來、將成為什麼樣的人、如何與他人相處等等；我們也不能忽視小朋友的好奇心，孩子問的問題，不一定就簡單，常常還涉及很多哲學核心問題。

例如以小學哲學教育為博士論文主題，本人也在第一線擔任小學哲學教師的戈培爾斯（Anne Goebels）接受媒體專訪時便說，學生們常常分享一些縈繞在他們腦海中多時的問題，很多問題都深具哲學意義，例如語言是什麼？為什麼櫃子要叫櫃子而不是其他的名字？……

此外，這個時代，我們也不該以上一代的成長經驗看待兒童，我們成長的過程並沒有那麼發達的媒體環境、沒有那麼多的文化刺激、那麼複雜的國際交流，以及那麼無孔不入的網路資訊，當我們還是孩子時，也許沒有那麼早被刺激要去理解世界，我們的世界也相對單純。

這一代的孩子們，比我們更需要體認並理解複雜的世界。與其把小朋友赤手空拳地丟到人生叢林裡，倒不如早日協助他們形塑價值判斷，交給他們觀察理解世界的利器。

如果在孩子們最充滿好奇心的時候，能加以適當引導，擴大這樣的求知慾，不正是最好的教育機會嗎？在柏拉圖的《泰阿泰德篇》（*Theaitetos*）中這麼寫著：一個真正愛好智慧的人，其姿態必是驚嘆（Verwunderung）。除驚嘆外，沒有任何其他東西可作為哲學的開端。

哲學的開端就是驚嘆，總是對世界一切抱持驚嘆的好奇心的小朋友們，可能比你我更有資格當個哲學家。

誘惑人心的歌聲

Sirenengesang

二〇二〇年一月十四日的司法節學術研討會上，司法院長許宗力表示不贊同監委約詢並設法彈劾法律見解不合己意的法官，重申司法獨立的重要性。

對於監察院及司法院之間的權力領域如何劃分，且留給法政學者去討論，我注意到的是許院長的致詞中所引的一段典故。他引用荷馬史詩《奧德賽》（*Odyssey*）：如同海妖利用魅惑歌聲，誘使船員葬身大海，在政治激情高漲時，人們總是忍不住誘惑，去批鬥、彈劾法律見解不合己意的法官，這種誘惑如同海妖迷人而致命的歌聲，背後潛藏讓民主法治觸礁的暗流。在德國取得博士學位的許院長，引用的典故也是德語的典故，這個深植於德國人心的故事，可以多談談。

《奧德賽》是希臘作品，但是，早在德國文化中生根。影響之深，可在德語中見到印跡。在《杜登》字典中便記錄了Odyssee字義，用以形容漫長的、充滿困難與意外的旅程。與此相關的還有「奧德賽式的」（odysseisch）形容詞。

《日報》（*taz*）刊過一篇有意思的報導：〈公務手機的奧德賽還在進行中〉（Diensthandy-Odyssee geht weiter）。「奧德賽」一詞用以形容手機去向迷霧重重，也形容調查並釐清藏在公門深處的顧問事件真相，極度困難。該案緣由是：德國國防部每年給出大筆金額的顧問合約，二〇一九年時，前國防部長封德萊恩（Ursula von der Leyen）面對指控，可能未經由正當程序招標而直接把合約給予特定公司，國會組成調查委員會調查本案，媒體稱之為「顧問事件」（Berateraffäre），另外也有一個詞指控她：「群帶關係利益輸送」（Vetternwirtschaft）。結果，調查委員會發現，證物之一的兩支部長公務手機，其中訊息卻被刪除了。一開始調查委員會被告知手機遺失，後來卻說找到了，但是沒有密碼可解鎖，最後，聯邦政府把資料刪除。經專家鑑定，遭刪除的資料難以恢復。綠黨國會黨團對此非常憤怒，認為是毀滅證據，但國防部表示這只是例行的安全措施。

此外，「奧德賽」一詞常在媒體上用以形容在德國官僚主義下不可思議的漫長複雜流程。例如，當新型冠狀病毒在德國爆發時，不少民眾疑心自己與感染者接觸過，盼向健康醫衛單位申請檢測，卻發現流程冗長，媒體便稱之為「身處奧德賽旅程中」。

另一個典故，許院長所提到的誘惑人心的歌唱女妖，在希臘語中稱為Σειρήν/Seirēn，這個字也在德語中生根，稱為Sirene，可以形容具有誘惑人能力的女性，或者警車或消防車上發出聲響的警笛。形容詞 sirenenhaft 便是「誘惑人心的」。而「誘惑人心的歌聲」（Sirenengesang）這個字，更是常在媒體中出現，與許院長的用法類似，常形容煽動性、具感染力的言論，例如「民粹主義者的煽動」（Sirenengesang der Populisten）。

提到歌唱女妖，許多人都知道「羅蕾萊」（Loreley）的典故。這位能唱誘惑人心歌曲的美麗妖女，其形象也許來自希臘神話，但在德國文化史中影響深遠，不但啟發眾多文人為之創作，音樂家也為之譜曲。文學的知名版本是由作家布倫塔諾（Clemens Brentano schrieb）於一八〇一年出版的小說廣為傳播，描述美麗的女子羅蕾萊因其惑人美貌被放逐至遠方的修道院，途經萊茵河畔一處高岩時，她請求押解的騎士讓她登高看看萊茵河谷的景色，最後一躍而下身亡。此後，那高岩上歌唱的美麗女妖深入人心，後人設立了雕像，聯合國也將這段河谷列入世界文化遺產。

在羅蕾萊高岩旁，有個小鎮聖葛雅豪森（St. Goarshausen），鎮中公共舞台也取名「羅蕾萊舞台」，附近的公立醫院也取名為「羅蕾萊診所」（Loreley-Kliniken）。但最為德國人所知的羅蕾萊相關文創商品，應該是詩人海涅（Heinrich Heine）於一八二四年的作品《羅蕾萊》（*Die Loreley*），夢幻、迷人卻又憂傷，我非常喜愛，試譯如下：

不知何以
我如此憂傷
古老時代的童話
我無法忘懷
Ich weiß nicht, was soll es bedeuten,
dass ich so traurig bin;
ein Märchen aus alten Zeiten,
das kommt mir nicht aus dem Sinn.

空氣清冷，天色漸暗
萊茵河靜靜流轉；
在夕陽餘暈中
峰頂閃爍著微光
Die Luft ist kühl und es dunkelt,
und ruhig fließt der Rhein;

der Gipfel des Berges funkelt
im Abendsonnenschein.

絕美少女以令人讚嘆之姿
坐在山峰之上；
她的金色服飾閃亮
她梳著長髮，發出金色光芒
Die schönste Jungfrau sitzet
dort oben wunderbar;
ihr goldnes Geschmeide blitzet,
sie kämmt ihr goldenes Haar.

她以金色梳子梳妝
並歌唱；
其旋律如此絕妙

如此震懾人心

Sie kämmt es mit goldenem Kamme
und singt ein Lied dabei;
das hat eine wundersame,
gewaltige Melodei.

小船中的船員
狂野沉醉
未見急流惡石
只知望向高處

Den Schiffer im kleinen Schiffe
ergreift es mit wildem Weh;
er schaut nicht die Felsenriffe,
er schaut nur hinauf in die Höh.

我想，波浪席捲
最終吞噬了船員與船
在羅蕾萊的歌聲中

Ich glaube, die Wellen verschlingen
am Ende Schiffer und Kahn;
und das hat mit ihrem Singen
die Loreley getan.

在《杜登》查查看！

Schlag im Duden nach!

我想推薦一本書，或者說一套書，就是對於學習德文者來說，早已成為傳奇的《杜登》（*Duden*）。

我想要推薦的並不只是杜登字典，而是十二冊德文參考字典，出版社命名為《十二卷杜登：關於德意志語言的標準之作》（*Der Duden in 12 Bänden: Das Standardwerk zur deutschen Sprache*），這十二本分別是：正確書寫、風格、圖解、文法、外來字、發音、字源、涵義相關、正確及好的德語、字義、成語、名言格言。這十二本我雖然都有，但是並不是一次買齊的，所以每一本的版本並不相同。其中的《正確及好的德語》（*Richtiges und gutes Deutsch*）還有《風格》（*Stilwörterbuch*）兩卷，我最常查閱，也是我工作時總是放在手邊的兩本。但在這十二本中，我最喜歡的還是《字源》卷。

未學過德語的人，也許不知道杜登的大名，以及杜登字典對於德國語言的意義。這本字典的名字來自孔拉德・杜登（Konrad Duden）。一八二九年，他出生於極為貧窮的家庭，卻能在困苦中奮力學習，靠著獎學金完成高中學業，並去了波昂大學讀日爾曼文學與歷史，雖因經濟因素一度必須輟學，但後來還是返回學校完成學業。取得博士學位後，曾經在義大利、法蘭克福及周邊地區擔任貴族的家庭教師。後來至中學任教，並在黑森地區的巴德赫斯菲德（Bad Hersfeld）小鎮擔任校長。他擔任中學教師以及中學校長時，決定引進新的德文教學概念，發展一套標準化拼寫方式，要求學生如何發音就如何拼寫。最後根據這個原則他編寫出了一本《德國語言正確拼寫大字典》（*Vollständiges Orthographisches Wörterbuch der deutschen Sprache*），成為後來杜登字典的最原始版本。

德國是聯邦制，每個地方除了有不同的風俗習慣，對於德語的使用方式也不同，除了字彙可能不同外，發音也有差異，當時同一個字也可能有不同的寫法。這本字典在一八八〇年由位在萊比錫的書目出版社（Bibliographisches Institut）出版，簡明的內容加上僅要價一馬克的實惠價格，暢銷全德國，在幾乎人手一本的情況下，使得德國文字的拼寫方式逐漸統一，例如今日德語通用的名詞大寫（Substantiv-Großschreibung）就是杜登排除各種反對意見而奠定。杜登一開始也因為跟官方的拼法部分不同，俾斯麥將這本字典列為禁書。後來勢不可擋，《杜登》字典成為德國語言的標準字典，當時甚至有一句流行話：「在《杜登》查查看！」（Schlag im *Duden* nach!）——這句話可說是「谷歌一下」的十九世紀德國版本。

這個第一版的字典遂被後人稱為《原始杜登》（*Urduden*），被認為是統一德文正確寫法（Einheitsorthografie）的奠基之作。杜登因為編撰這本標準字典，不只協助德語標準化，也對普及教育有所貢獻，後來他被授予樞密顧問（Geheimrat），逝世後葬在巴德赫斯菲德的家族墓園，其墓碑上刻有福音話語：「擁有純潔之心者，是被賜福者（Selig sind, die reines Herzens sind.）。」每年仍有悼念者至其墓前獻花。這個杜登任教三十年並寫出《原始杜登》的所在地，非常感念杜登的功績，除了設置其銅像，保留其舊居作為博物館，其擔任校長的中學也更名為「孔拉德－杜登中學」，車站前一條主要道路更是被命名為杜登路。

冷戰時期，東西德分別出版自己的《杜登》字典，在收錄及解釋上各有不同特色。很可惜地，我手上並無東德版本，無從比較共產主義特色的德國文字。統一以後，出版《杜登》字典的這家出版社——還是跟一八八〇年出版《原始杜登》的同一家——搬到柏林，每次更新版本會根據時代精神收入新的字。

究竟應該收入哪些新字？為什麼？每次改版均引來熱烈討論，成為德國社會及語言學界的大事。二〇一七年所出版的第二十七版，在十五位專家學者委員會的研議下，增加了約五千個新字。除了有部分方言被收入外，也有一些網路時代的新外來字，引起媒體熱議，也有許多人針對這些字激辯出版社的決定是否合理。

基於杜登的權威及受歡迎、重視，在《杜登》正字字典外，另由專家委員會編撰了十一卷不同功能的字典，以為德國語言奠基，於是成為《十二卷杜登》。字源一卷我時常當成閒書讀，每一個字的身世、演化、改造，對我來說簡直如同張力十足的短篇小說，穿透了歐洲歷史及文化的歷史。

以 Minister 一字為例，可說明《杜登》字源卷大概的書寫方式。Minister 一字，意指國家或政府最高的行政官員，德文借自十七世紀的法文 ministre，原義其實為僕人、國家之服務者（Diener des Staates）（雖然，在當年比較像是君主的僕人）。不過，在十五世紀的德語區已經出現了這個字，當時德文受拉丁文影響極深，minister 概念便源自拉丁文的「微小的」，minis-teros、minus-teros，這個小的、少的（Minus），今天還保留在許多歐洲語言中，但是應該很少人會聯想到 Minister 也與這個字相關。

拉丁文的 minister 也生出了動詞 ministrare，意思就是服務。英文的 minister 當作動詞時，有協助、照料之意，即此緣由，德文中也容納了這個「服務」的古意。從此義延伸而來，德文中有一個字叫 Ministrant，是指天主教神父進行彌撒儀式時，協助神父取拿聖器或其他事項的小男生。

而今世之人看到部長，誰會想起在原初語彙中，一位部長其實是以服務為其核心概念、是微小的國家之僕呢？哲學家海德格曾說，「語言是存有的家園」（Die Sprache ist das Haus des Seins），而也許當代的我們面對語言在時代中的巨大變遷，正走在流離失所的路上。《杜登》是這條路上，德文使用者的一小塊家鄉。

法蘭克福的世界精神

Der Weltgeist in Frankfurt

一九二九年的六月十八日，德國哲學家哈伯瑪斯在杜塞道夫出生。二〇一九年六月十八日，翻開德國重要媒體，都可見關於他九〇歲生日的新聞及評論，法蘭克福大學更在報上刊登賀壽廣告。《法蘭克福廣訊報》（*Frankfurter Allgemeine Zeitung*）的發行人于爾根・考博（Jürgen Kaube）撰寫長文，稱哈伯瑪斯是「社會中的理性」（Die Vernunft in der Gesellschaft），其一生政治與哲學著述是在「對抗學習的無能」（Gegen die Unfähigkeit zu lernen）；《法蘭克福環視報》（*Frankfurter Rundschau*）頭版刊登了幾乎全版的哈伯瑪斯演講照片，配上極為醒目的標題：「世界精神」（Der Weltgeist）。圖說寫著：「哲學家、憲法愛國主義者、歐洲人。哈伯瑪斯是提出民主願景者。今日他九十歲了。」

這些敘述都對，也都從不同角度書寫了哈伯瑪斯的思考方向。他從未放棄啟蒙，以及理論的力量，不願為了後現代主義對理性的批判而放棄歐洲的思想傳統；他始終堅持德國在戰後必須作為自由世界不可或缺的民主成員，力抗文化保守主義者，要德國面對歷史責任並履行普世價值，在當學生時便在報章對歌頌「國家社會主義的內在偉大」的哲學家海德格發難；他試圖超越民族主義的論述，從自由與人權法治的角度定義德國以及歐盟對世界的意義。媒體以定冠詞稱他為世界精神，確實有道理，他的影響力不只在德國，而是全世界的。

我很喜歡「世界精神」這個字，曾經想過如果我開個小店賣書或咖啡，就要如此取名，因為這個字在哲學史上赫赫有名，象徵一種普遍性的、推動世界史的精神力量。上一位在媒體上被稱為世界精神的哲學家，就是黑格爾了，而他的哲學著作中，「精神」正是核心概念。後來偶然經過柏林洪堡大學校園咖啡廳，發現其名字正是「世界精神」（Café Weltgeist），以紀念其老校長黑格爾。

這個當代版本（也是法蘭克福版本）的世界精神，除了嘗試建構普世有效的巨型理論外，還在各種議題上與世界各國的知識人對話，形成思想史的重要事件，例如與法國哲學家傅科辯論現代性與啟蒙問題，與美國哲學家羅爾斯（John Rawls）辯論審議民主問題，與社會學家盧曼（Niklas Luhmann）辯論社會學意義，與政治經濟學者史特列克（Wolfgang Streeck）辯論資本主義發展問題，與哲學家海恩里希（Dieter Henrich）辯論形上學，與哲學家高達美（Hans-Georg Gadamer）辯論理解的有效性，與諾爾特（Ernst Nolte）等史學家激辯大屠殺的歷史定位等。這些辯論也都成為其他學者研究的材料，在哲學、社會學、史學、法學、文學、政治學等幾乎所有人文學科做出貢獻。

可以說，哈伯瑪斯不只是世界精神，還是世界性的爭論精神。他非常喜愛也非常擅長爭論。如果要選擇一個德國人擔任「爭論文化」（Streitkultur）的代表，我想不出比他適合的人選。

不過，爭論不是吵架，爭論是據理力爭，爭論也是一種對話的請求，而非同溫層的取暖，爭論是期待有與自己不同立場的人，能夠盡可能地找出一切合理線索說服自己，並因而能補充自己未見的盲點，使自己在爭論中更好。說個小故事來介紹這位爭論的哲學家。

年輕時候的哈伯瑪斯，在馬堡大學跟著馬克思主義教授阿本羅特（Wolfgang Abendroth）寫完教授資格論文後，在海德堡的詮釋學學者高達美把他找了過去，一九六二年，哈伯瑪斯舉行了就職演講，演講題目是關於另外一位也在海德堡教過書的黑格爾，就這樣開始自己的學術生涯。

當時哈伯瑪斯必須聘用學術助理，他選擇的是馬克思主義哲學家歐斯卡・內格特（Oskar Negt）。他之所以會認識內格特，是還在法蘭克福擔任阿多諾的助理時，那時還是學生的內格特，在他課堂上做了一次馬克思主義的報告，長達三小時！內格特說，很抱歉這個報告這麼長，但是我沒辦法，就是得這麼長。哈伯瑪斯說，我跟阿多諾談過了，不要緊的。

與哈伯瑪斯走的法蘭克福學派批判理論不同，內格特從一九五六年學生時代開始，就加入左派立場鮮明的社會主義大學生聯盟，他的立場非常馬克思主義，因此理論觀點跟哈伯瑪斯有相當的差異，後來在一九六八年學運時，內格特甚至從左派立場寫文章批判哈伯瑪斯，認為他自居為左派自由主義者，只想要在左派中維護自由主義思想傳統中那些理性、自主、啟蒙、討論的公共性，但是卻對激進的抗議方式保持距離。

為什麼哈伯瑪斯明明知道這是一個與其觀點完全不同的人，還是刻意聘用他當自己的助理？內格特後來在二〇〇九年——哈伯瑪斯八十歲那年——接受媒體專訪時描述哈伯瑪斯，提供了答案。

內格特說：「我是一個非常堅持馬克思正統的死硬派，可是這種正統（Orthodoxie），必須要有理有據。哈伯瑪斯需要的是一個生氣勃勃的相反的參照點，他所選擇的助理，是一種反駁的助理（Widerspruchsassistenten），當時我必須日日夜夜地跟他討論，他不斷要求為相反的立場提出理據，如此一來，他自己也能有所成長。哈伯瑪斯需要反對者，一直都需要。這標示出了他的知識生命風格。」

就是這種「我也許不同意你，但我需要你，且逼迫你提出論述挑戰我，以使我的論證更好」的論爭姿態，贏得對手的尊敬。雖然內格特始終不認為哈伯瑪斯是真正的左派，也不贊同哈伯瑪斯在六八年稱學運為「左派法西斯主義」，但仍高度評價他，曾經用「一個有政治判斷力的德國知識人」（Ein deutscher Intellektueller mit politischem Urteilsvermögen）來形容亦師亦友亦敵的哈伯瑪斯。

順帶一提，內格特小哈伯瑪斯五歲，也近九十歲了，依然健在，時常接受專訪。我以前在德國讀哲學時的指導教授，他的老師是慕尼黑的哲學家許佩曼（Robert Spaemann），也享年九十一歲。還有那知名的享年一〇二歲的高達美、另一位享年九十五歲的詮釋學者阿佩爾（Karl-Otto Apel）。德國的哲學家們，似乎真都有長壽趨勢。在德文裡有個形容人不可思議長壽的說法：「《聖經》的年紀」（das biblische Alter），因為《舊約》中好些人物都有神話般的壽命，例如瑪土撒拉（Methusalem）活了九百六十九歲，亞當活了九百三十歲，他的兒子塞特（Seth）活了九百一十二歲。這些哲學家當然不可能那麼神話地長壽，但是肯定可以用德文說，他們都有著《聖經》的年紀。

不過，哲學家長壽並不稀奇，驚人的是，德國知名學術出版社蘇爾坎普（Suhrkamp）於二〇一九年九月出版哈伯瑪斯的新書，書名為《也是一種哲學史》（*Auch eine Geschichte der Philosophie*），共計一千七百頁，分上下兩卷，《西方的信仰與知識之格局》（*Die okzidentale Konstellation von Glauben und Wissen*）及《理性的自由：關於信仰與知識之論述的印跡》（*Vernünftige Freiheit. Spuren des Diskurses über Glauben und Wissen*）。這個法蘭克福的世界精神，即使到了《聖經》的年紀，始終樂在爭論。

酒宴之歌

Kommerslieder

文豪歌德晚年的秘書艾克爾曼（Johann Peter Eckermann）紀錄兩人之間的對話，後出版為《歌德對話錄》（*Gespräch mit Goethe*）一書。其中一段，歌德之子對艾克爾曼說起他去海德堡大學讀書事，說他與朋友們常去散步的萊茵河畔，有一間旅店，主人對學生們很好，為在那裡住宿的十幾個學生舉辦了酒宴，免費供應酒水給他們。

學生們的酒宴，歌德的兒子用的字是 Kommers，或者更古老的寫法會寫成 Commers。根據杜登德語字典，這個字源自法語 commerce，原來的意思是各種喧鬧的活動，但在德語用法裏意思是為了慶祝特別的場合而舉辦的晚間酒宴。另外在英語中稱之為 Commercium，但不管是英語、法語或德語，其實都來自拉丁原文 commercium，原意為來往（Verkehr），可知這種酒宴帶著情感聯繫交流的社會意義。

中文說酒宴，讓人聯想起某種衣著正式的品酒場合，當然也有正式場合、恪守嚴格儀式的 Kommers，但是其實大部分

Kommers 幾乎都是鬧哄哄的大飲啤酒，所以也許稱之為喝酒狂歡派對更傳神些。

Kommers 在歌德之子讀書的十九世紀非常盛行，尤其是海德堡等傳統大學城裏，學生們總是有自己愛去的酒館（Kneipe），在畢業時、學期結束時、慶生時（或任何想的出來值得慶祝的場合），總可以見到酒館裏喧鬧聚酒，學生們一起唱著傳統歌謠，相當歡樂，即所謂的飲酒之歌（Trinklieder）或者酒宴之歌（Kommerslieder）。

我最喜歡的、也最常唱的飲酒之歌是《思想是自由的》（*Die Gedanken sind frei*），這首歌的詞大約在十八世紀末出現在德語區，後來被譜成輕快的歌曲，傳唱在各式酒宴與學生聚會場合，直到今日都還是流行的民歌。幾百年來歌詞或多或少有變化，我翻譯當代比較常見的版本如下：

思想是自由的，
誰能猜測得到呢？
思想一閃即逝，
如夜間陰影，
無人得知，

無獵人可射中，
不變的是：
思想是自由的

Die Gedanken sind frei,
wer kann sie erraten,
sie fliehen vorbei
wie nächtliche Schatten.
Kein Mensch kann sie wissen,
kein Jäger erschießen,
es bleibet dabei:
die Gedanken sind frei.

我所思想者，是我所願者，
是使我愉悅者。
我所想的一切，都無須對人言，

都很合宜。
我的願望以及慾望，
無人可以駁斥，
不變的是：
思想是自由的。

Ich denke, was ich will,
und was mich beglücket,
doch alles in der Still,
und wie es sich schicket.
Mein Wunsch und Begehren
kann niemand verwehren,
es bleibet dabei:
die Gedanken sind frei.

我愛美酒，

更愛我的女友。
唯有她，
最教我深深傾心。
一杯酒在手，
我不孤獨，
我的女友就在身旁：
思想是自由的。

Ich liebe den Wein,
mein Mädchen vor allem,
sie tut mir allein
am besten gefallen.
Ich bin nicht alleine
bei meinem Glas Weine,
mein Mädchen dabei:
die Gedanken sind frei.

如果有人將我關進
陰暗的牢獄，
一切都是
無用的徒勞，
因為我的思想，
能拆除柵門與高牆：
思想是自由的。

Und sperrt man mich ein
im finsteren Kerker,
das alles sind rein
vergebliche Werke;
denn meine Gedanken
zerreißen die Schranken
und Mauern entzwei:

die Gedanken sind frei.

尤其是最後一段，思想超越一切監牢與高牆之呼喚，更是激勵了多少自由的心靈。電影《偷書賊》描述書本、文字與思想是納粹暴政時代人性最好的一面與最後的希望，其配樂就選用了「思想是自由的」；而反抗納粹的德國白玫瑰運動主角之一蘇菲・修爾（Sophie Scholl）之傳記中，記載一九四二年時，她的父親羅伯特・修爾公開稱希特勒為「上帝之懲戒」（Gottesgeißel），因而被納粹當局囚禁獄中四個月。某日，蘇菲帶了直笛，到父親所在獄中的牆外，為父親吹奏一曲，正是這首「思想是自由的」。

德語作為男性語言

Deutsch als Männersprache

一本談德語中性別問題的書《德語作為男性語言》（*Deutsch als Männersprache*），值得介紹。作者是德國知名語言學家露易絲·普許（Luise F. Pusch），我在《爭論中的德國》一書中，曾簡短介紹：

語言學者普許三十多年前出版的《作為男性語言的德語》（*Deutsch als Männersprache*）一書開章說，她的護照裡寫著：「本護照持有人是德國人」（Der Inhaber dieses Passes ist Deutscher）。這讓她非常不自在，因為，這句話指的其實是男性，因「持有人」（Inhaber）這個詞是指男性，「德國人」（Deutscher）也是指男性。

她的哥哥的護照裡，寫著一模一樣的句子。他從不會不自在，因為德文是「男性語言」。

德文的性別特徵極為強烈。名詞分為三種性別，與之搭配的冠詞、形容詞、所有格都必須連動變化，複數型態也都不同，如精密機械的零件緊密接合，牽一髮動全身。可是對普許來說，德文的問題不在其性別特徵，而是在許多表達上過於偏好某一個性別——即陽性。在德文中有被稱為das generische Maskulinum的用法，亦即以陽性名詞作為基準詞指代全部。幾十年來許多對語言及性別議題敏感的人，爭取改革德文的這個男性化特性，而普許在一九八四年出版的那本暢銷書，就是這個女性主義語言改革運動的里程碑。

（《爭論中的德國》，蔡慶樺，天下文化）

普許關切德語文法中的性別偏差，並長年致力於消除女性在德語中被隱身的現象，讓她成為德國「女性主義語言學」的始祖之一。普許於七〇年代寫完教授資格論文後，便投入女性主義語言學研究。

這本《作為男性語言的德語》，就是她剛開始任教沒多久時寫下的語言論文集，對於長久以來德語中以男性性別代表所有人的現象，提出尖銳批判，並構思替代方案，以試圖解決語言歧視問題。例如，德語中以Taiwaner及Taiwanerin分別稱呼臺灣男性及女性，但是在說臺灣人複數時，最正確但也最複雜的說法應該是Taiwanerinnen und Taiwaner（臺灣女性及男性），才能讓兩性都在語言中被代表，但是因為實在累贅，慣用方式以Taiwaner

稱之，代表女性的字尾（單數的-in 以及複數的-innen）都被隱身了。普許提議，應該要想出一種書寫方式讓兩性同時現身，例如加上 Innen 字尾，這個做法就是以 TaiwanerInnen 表示是複數，但又區別於僅有女性的複數（Taiwanerinnen）。

甚至，她還有更激進的提議：das generische Femininum。也就是說，以陰性名詞作為基準詞指代全部。例如，當我們說 Taiwanerinnen 時，即涵蓋了男性與女性。

她鮮明的女性主義立場（或許再加上其女同性戀身分），讓本書引起的注意超出了學術界，成為一本長銷的語言學書籍，當年便銷售了十四萬本，但也使她在學界內外樹敵無數，媒體稱她為「語言學反叛者」（linguistische Rebellin）。當年她的同學們順利獲得教職，然而她雖然獲得許多人文學界獎項，卻長期只能在母校康士坦茲大學（Universität Konstanz）擔任非正式教職。這所大學成立於六〇年代末，正是德國高等教育界開始反省自身結構問題時，這間大學因此被視為一所「改革大學」。然而當時一百多位正式教授中，無一是女性，也無法接納普許。

在接受《漢諾威廣訊報》專訪時，她說，在寫教授資格論文時獲得「德意志學術研究協會」（DFG）的「海森堡計畫」獎學金——這是紀念德國諾貝爾獎物理學家海森堡而設的學術榮譽，獎勵優秀研究人才，長達五年時間每月約可獲得四千六百歐元獎學金，學界暱稱為「天才獎學金」——當年的一百五十位受獎人中，有一百四十九位順利找到教職。而唯一例外的那位，正是普許。她遞出無數求職資料卻不斷遭受拒絕，甚至審查階段便有學生抗議。她的學術前輩給予的忠告是：「寫些正常的語言學論文吧，這樣妳就會順利獲得教職。」

但她終究走上這條無悔的抗爭之路，不管同不同意她的語言改革倡議，都必須佩服她這些年來的毅力，並且在其努力下，這些年來德國公眾界對於「性別正確語言」（Geschlechtergerechte Sprache）有更多意識，德語使用者確實也隨著時代變化，對於性別問題更敏感。

另外一提，她勤於著述，一生出版超過五十本書籍。但其中有一本書性質與其他完全不同。那是她年輕時第一本作品，題為《索妮雅》（*Sonja*）的小說。這本小說以筆名尤迪絲・歐芬巴荷（Judith Offenbach）出版於一九八一年，講述尤迪絲與索妮雅這對情侶的故事。索妮雅是身障者，受困於輪椅上，鬱鬱寡歡，而年輕的語言學女學生尤迪絲愛她，卻又必須承受著索妮雅的宿命及負面情緒，兩人交往七年，最後索妮雅自殺，歐芬巴荷以日記的方式記錄這段愛情的點滴。

這本自傳小說，書寫被社會壓迫的狀態，不只以殘障者姿態，也以女同性戀姿態。小說中寫著：「奇怪的是，不成熟的愛，例如青春期時的愛，竟比成熟的、成年時的愛，還來得深刻許多。」作者這時還只是語言學學生，還未成為反叛者，這本小說還未針對男人的語言發難，但已藉由書寫她青年時候的愛，控訴那個男性的、成年的社會。一本充滿痛楚，以及克服痛楚痕跡之回憶。

掌握另一種語言，就是擁有第二個靈魂

Eine andere Sprache zu können, ist wie eine zweite Seele zu besitzen

我極喜愛德語這門語言，小時學英文對我來說沒有遇到任何困難，不管任何英文考試，我向來都能得到甚佳的成績。但是直到二十幾歲開始學德文後，才知道自己對一門外語原來有這麼強大的熱情。如果你問我，德語在哪些地方與英語有著絕對性的差異，讓我如此著迷，我想是德語中的邏輯性，那些複雜的變化，那些如汽車零件般一環扣著一環的精密的文法，以及那些充滿詩性的詞彙。

談談兩個如我一樣的外國人，如何迷戀著這門語言。

鄂蘭《黑暗時代群像》一書記錄她的美國友人賈雷爾（Randal Jarrell）對德語的情感。賈雷爾是她流亡到紐約後認識的，那時他喜歡去鄂蘭家裡，為她朗讀英詩。而鄂蘭家之所以那麼吸引他，乃因為那裡是「講德語的地方」，賈雷爾說：「我相信——我真的相信，我確實相信——我最喜歡的國家就是日爾曼。」

鄂蘭描述，賈雷爾的「日爾曼」不是政治意義，而是指德語，「是一種他講不上幾句卻打死也不肯學的語言」。可能是受不了他的德語，鄂蘭央求他翻譯德文詩時，使用文法書和辭典，他拒絕了，答道：「用信任和愛閱讀里爾克，不用辭典，人照樣可以學德文。」並稱，格林童話、歌德、里爾克、赫德林，他都是這麼讀完的。

鄂蘭讚他「就算從未寫過一首詩，也還是一個詩人——就像名滿天下的拉斐爾，即使生來沒有雙手，還是會成為一個偉大的畫家。」也許同樣可說，即使他講不上幾句德語，也還是可被視作一個德意志人。

另一位喜愛德語的人，是我的同行，曾任英國的駐德外交官員，後來成為作家的勒卡雷（John le Carré）。

二〇一三年，勒卡雷因為其對德語的熱愛與教學工作，在德國大使館於牛津舉辦的頒獎活動中，被授獎表揚。他對著學習德語的英國學生發表演講，說明他學習德語的經驗與樂趣。演講內容後以較簡短版本以〈為什麼我們應該學德語〉（Why we should learn German）為題刊登在《衛報》上。

勒卡雷自青年時期便著迷於德語。為了好好學德語，一九四八年時他去了瑞士，在伯恩大學上課——可以理解的選擇，畢竟當時才結束戰爭不久的德國，還在一片廢墟中。後來他以其語言能力加入英軍情報單位，並去了牛津繼續讀德語，期間短暫離開情報工作，成為德語教師，但最終他還是重返情報局，並被派駐到波昂、漢堡，在冷戰時期的西德成為一位情報員以及外交人員。而在這段時期的經歷，後來也被他寫成諜戰小說。

為什麼他這麼喜愛德語？在演講中勒卡雷說，他十三歲時遇到一位非常喜愛德國文化的老師，受其影響開始學德語，德語詩歌及戲劇的聲音，非常能打動他（這點上我與他所見略同，對於那些譏諷德語發音難聽的不實之言，我認為都是先入為主的刻板印象，或者沒有聽過真正優美的德語）。他說，對於德語，「一聽鍾情」（love at first sound）。

他這麼說學德語的心情：「決定學一門外語，對我來說是一種友誼的舉動，是一種確實地伸出手來……這能使你更認清自身，更接近自己、自己的文化、社會態度以及思考方式；而決定教一門外語，更是種承諾、慷慨與傳達之舉。」他更引用了查理大帝的話：「掌握另一種語言，就是擁有第二個靈魂。」[1] 他自己接著說，教授一門外語，便如「植入」（implant）第二個靈魂。

多美的說法，也是真實的說法。語言學中有一個著名「沙皮爾－沃爾夫假說」（Sapir-Whorf hypothesis），認為每種語言都帶著特殊的詞彙與語法結構，將影響每一個語言社群經驗理解世界的方式，以及思維的方式。因此學習一種外語，就是學習一種不同的思維。

然而比起這個假說，我還是比較喜歡勒卡雷引用的「第二個靈魂」的更美的想像，因為每當我說起德語，總覺得身體裡的那另一個靈魂被釋放出來了。

另外一提，這個「第二個靈魂」的說法，不是日爾曼人獨有。德語區也流傳另一句捷克傳來的諺語：「學一門新語言，就獲得一個新的靈魂（Mit jeder neu gelernten Sprache erwirbst du eine neue Seele）。」而教育學者卡爾・許密德（Karl A. Schmid）於十九世紀出版的《教育學大百科》（*Encyklopädie des gesammten Erziehungs- und Unterrichtswesens*）中，提到兒童雙語教育時，也引述：「說一門新語言的人，會獲得第二個靈魂（wer eine neue Sprache spreche, der bekomme eine zweite Seele）。」只是，當時他寫道，這是土耳其人的諺語。

不管這句話來自查理大帝、捷克或土耳其，看來許多不同文化傳統，都有著另一個靈魂在說著另一種語言的想像。

---

1 他引用原文為"To have another language is to possess a second soul."在德文世界裡常引用此一說法，但版本不一，出處不明。常見說法有："Eine andere Sprache zu können, ist wie eine zweite Seele zu besitzen."、"Eine andere Sprache zu sprechen, bedeutet, eine zweite Seele zu besitzen"、"Eine andere Sprache zu haben ist, wie eine zweite Seele zu besitzen."

柏林賤嘴

Berliner Schnauze

《歌德對話錄》一書，有一個段落談柏林人，非常有趣。

一八二三年十二月四日，歌德的好朋友作曲家策爾特爾（Carl Friedrich Zelter）從柏林來威瑪拜會，兩人聊了音樂以及文學，在場的還有歌德的媳婦，以及祕書艾克爾曼（Johann Peter Eckermann），他也是對話錄的作者。

一整個下午的談話結束後，客人離開。歌德詢問艾克爾曼，喜不喜歡策爾特爾這個人，艾克爾曼答道，覺得他很親切。歌德說，這個人你初認識他，會覺得他很莽撞，或者甚至粗野，不過那只是表象，他的內心其實是很溫柔的。歌德說，他不認識還有誰居然可以又粗野又溫柔。他提醒艾克爾曼，策爾特爾「在柏林住了超過半世紀，我注意到，柏林大概都聚集著暴躁的人，因此用溫柔細緻與之周旋是不行的，如果要存活下去（sich über Wasser halten），就不能不難相處一些（Haare auf den Zähnen haben），有時候要粗野才行。」

這一段話裡有兩個很有趣的片語，一是「Haare auf den

Zähnen haben」，意思是在牙齒間有著頭髮，用來形容人脾氣不好、難相處。為什麼會這麼用？根據字典解釋，以往人們相信，毛髮中蘊藏者力量，如同獅子鬃毛，所以男性喜歡留鬍子，其實也帶著這樣的文化涵義。因此，牙齒間有頭髮，意思是在最不長毛髮的地方都長毛髮了，用來引申很強悍，但也轉出好與別人爭吵、難相處的意思。

另一個片語是「sich über Wasser halten」，是把自己維持在水面上的意思，這個片語容易理解，把頭維持在水面上才能繼續呼吸，不致溺死。因此這個片語是在形容度過艱苦的生活條件而存活下來，通常用來形容克服財務困難、勉強維持生活，但歌德這裡用來形容柏林人的難相處、好鬥，也很傳神。

歌德說得對，在柏林好像不凶悍一點，不容易探到水面上呼吸。柏林人的難相處是全德知名的，我曾經在柏林住過大約半年，深有感受。讀了《對話錄》才知，原來這難相處的「美名」，早在幾百年前就享譽各地，連歌德在威瑪都如此評價。

歷史上，不只歌德對柏林有「偏見」。有本非常有意思的書叫作《柏林是最糟的地方》（*Berlin ist das Allerletzte*），那是一本咒罵柏林的書，收錄了政治或文學歷史上許多與柏林有關、憎恨柏林的作者。編輯者自稱他們或者出生在這，或者工作關係必須在這，但是只要一有機會他們就會逃離柏林。該書的作者群也都因為各種理由抗拒柏林，其中許多傳統德國文化人認為柏林代表的並非德國精神，例如薛福樂（Karl Scheffler）就稱「柏林與德國文化發源處相去甚遠」，克勞斯・曼（Klaus Mann）更稱柏林為「沒有道德的以及狂妄自大的」。

書中收錄一篇革命家羅莎・盧森堡（Rosa Luxemburg）的信，也可以看得到這個一生與柏林在一起的左派，多麼討厭這座城市。她出生於俄國占領下的波蘭猶太人家庭，一八九八年，她剛在瑞士蘇黎世大學以「波蘭的工業化」為題完成博士論文後，二十八歲來到柏林，積極地參與政治，並成為德國重要左派理論家，被稱為馬克思死後最偉大的頭腦，甚至起草了德國共產黨黨綱，跟李普克內西一同創建了德國共產黨。

但是她在柏林並不快樂。她這樣描述剛到柏林時的情景：

「今天早上六點半我到了。S應該來接我但他遲到，我只好帶著行李在街上閒晃，並且在車站等到八點，因為我根本沒看到出租車的蹤影。不過這不打緊，我就利用時間寫信，K陪了我一整天，為了租一間房間。要在夏落藤堡租一間便宜房間真的很難，那裡空氣比較好，離柏林較遠，是很無產階級的地區；與此相較，市區裡空氣糟得要命，房間也貴，我看到的一切的一切，都不合我意，明天我們會再找找。我已經買了柏林的地圖——

我現在累得不成人形，恨死柏林，也恨德國人，恨到很想殺了他們。要在這裡生活，顯然你最最需要的就是保持健康跟活力，而這兩者就是我沒帶來柏林的。

柏林總的說來，就是給我討厭的印象：又冷，又沒品味，又從眾——這裡就是真正的軍營啊；而那些親愛的傲慢普魯士人，每一個都像吞了棍子一樣傲慢，真想把他們的棍子拿來痛毆一頓！這裡沒有好心情，也沒了瑞士文化，更沒整潔！哪，我真不知道愛乾淨的德國家庭主婦這種神話是哪裡來的，我在這裡一個都沒看到。」

盧森堡稱柏林人「每一個都像吞了棍子一樣傲慢」，德文原文是「als hätte jeder den Stock geschluckt」，吞了棍子的人腰是彎不下來，所以這句德文諺語，形容人很無理、傲慢，與歌德所說的「在牙齒間有著頭髮」有異曲同工之妙。

不過，歌德自己雖非柏林人，但我認為他自己有一句傳世名言，最適合表達柏林的這一面。一八〇八年，在與作家法爾克（Johannes Daniel Falk）談話時，歌德這麼說他與德國人的關係：「他們不喜歡我，而我也不喜歡他們。這樣我們就扯平了（Sie mögen mich nicht, ich mag sie auch nicht, so sind wir quitt.）。」我相信許多柏林人也會這麼說，管你們喜不喜歡我，反正我也沒差，這就是柏林人的傲氣。

有另一個片語形容柏林人的脾氣：「柏林賤嘴」（Berliner Schnauze）。Schnauze 是動物的鼻嘴這個部位，用來形容人時，帶著貶義，是比較粗俗的說法。例如說「受夠了」時，會說 die Nase voll（鼻子都滿了），但粗魯一點的說法是 die Schnauze voll（狗嘴都滿了）；說「閉嘴」，一般會說 Halt den Mund!，但也有粗魯的說法：Halt die Schnauze!。人們用 Berliner Schnauze 形容柏林人時，完全表達了柏林人的粗魯、侵略性的語言及態度。日爾曼研究學者埃米爾・路德維希（Emil Ludwig）也在其講述德國人民族性的《鐵血與音符》一書中這樣寫柏林人的難相處：「世上任何某座城市都難像柏林一般，會在每天日常生活中遭遇到幾千個小小衝突，不論是在旋轉門或是在停車場上，因為在理髮店使用護髮液而起，或是午餐帳單上有十芬尼的差額無法交代而起。」

二〇一九年，德國旅遊資訊網站 travelbook 做了評比，選出全球最不友善城市，柏林毫無懸念地拿下第一名。對此，柏林的廣播媒體 RBB 88.8 表示，應該要做點什麼來改變大家對柏林的印象，於是在二〇二〇年發起宣傳行動「柏林也可以親切！」（BERLIN KANN AUCH NETT!）希望柏林人不要再無止盡地爭吵、互不問候與酸言酸語了，並且寫下自己對他人親切的小故事，寄到電台發表。

成果如何，我很懷疑，畢竟這個悠久的文化傳統可能不容易單憑一個宣傳行動改變，而且，就算全世界最不友善又如何？柏林人可不在意。不過，外地人也不要就這樣被柏林人嚇到。歌德還是對的，其實還是有既粗野又溫柔的柏林人。而且根據我的經驗，柏林人是真性情的，他們的粗魯無禮，並非針對個人，而是一視同仁地，不帶著如同巴黎人對外地人的傲慢，而是連柏林人彼此之間也常常開罵。我曾在報上讀過一則諷刺漫畫，畫一位碎碎念的柏林人，搭配旁白：「無論你是什麼膚色，無論你是什麼政治傾向，無論你是什麼性傾向，我討厭你們每一個人。」多麼公平而真誠。

我們外地人，必要時就一起唇槍舌戰吧，一起互相不喜歡吧。到時候就可以驕傲地用柏林方言說上一句：Ick bin een Berliner! Meen Berlin, Ick liebe dir!（我是個柏林人！我愛你，我的柏林！）

《茵夢湖》
Immensee

與朋友談起，若想讀讀德國小說，應當從什麼開始比較好。我始終覺得文學如同菜餚，沒有什麼最好，另外，每個人的口味也都不同，所以通常這種問題，我也沒有什麼一定的答案。不過，我想了想，說不妨試試看十九世紀的小說家史托姆（Theodor Storm）。

史托姆原是律師及法官，後因為受不了俾斯麥時的政府當局，遂提前退休離開法官職位，專心創作。會想到他，當然是因為讀過那本最受人歡迎的《茵夢湖》。史托姆的作品不怎麼牽涉政治或國族等很大的主題，多是處理情感、婚姻、個人的意志與命運在那封建時代的受限，對讀者甚有感染力，且篇幅也不長，很容易讀。

《茵夢湖》在中文世界的忠實讀者也不只是我而已，該書曾經出現多個中譯本。歌德著作的知名譯者郭沫若曾於二十世紀初翻譯《少年維特的煩惱》，為華文世界接觸歌德小說做了莫大的貢獻，而比較少為人知的是，他曾為了練習德語，選擇這本小說翻譯。另外文學家巴金也同樣曾經翻譯過《茵夢湖》。

題外話，民國文人中有不少人通德語，例如，除前述郭沫若與巴金，郁達夫、魯迅都是能掌握德語的。

巴金年輕時即開始學各種歐洲語言，甚至包括世界語（Esperanto）。他曾經在訪談裡說起一九二〇年代留學法國時選修一年德語課的情形。他的德語應該是學得很好，《茵夢湖》就是成果，也收錄在其《巴金譯文集》中。

郭沫若之會德語，與他赴日學醫有關。在醫學中，德文向來是最重要的外語，因此郭沫若便開始學德語，並翻譯了多本德國文學。在學會德語後，他最迷戀的就是歌德。在《郭沫若書信集》中可以讀到他與友人熱情討論歌德的《浮士德》，他也是《浮士德》的中文譯者，此外，也翻譯了《少年維特的煩惱》。武繼平的《郭沫若留日十年》一書，甚至記錄了郭沫若當時在日本岡山六高的德語成績。順帶一提，這本書也提到另一位共產黨文學家成仿吾，他是郭沫若留日的同學，兩人都修了德語，郭沫若盛讚成仿吾是語言天才，不過郭沫若的德語成績其實並不遜於他。

後來，成仿吾成為共產黨內的德國通，也是創黨人之一。他曾流亡德國並加入德國共產黨，返國後翻譯過馬克思許多文字，包括《共產黨宣言》，並參與中文馬恩文集編譯工作。

郁達夫的德語也是在日本學的，應當學得很好，他在大學裡教過德文，還曾以德語作詩，郭沫若讀後很是讚許。

德語應該是魯迅下過工夫的外語，他在日本讀過德文學校，雖然據說他時常翹課，德語程度究竟如何有待存疑，可是他翻譯的俄國小說家亞歷山大・法捷耶夫（Alexander Fadeyev）作品，就是再譯自德譯本；周作人也說，魯迅閱讀過大量的歐洲文學作品，都是讀德文本。而在〈從百草園到三味書屋〉這篇文章裡，他也透露了他與德語的親近：「總而言之，我將不能常到百草園了。Ade，我的蟋蟀們！Ade，我的覆盆子們和木蓮們！……」Ade，正是德語區某些地區方言的「再見」（從 Adieu 演變而來）。

至於更早期的辜鴻銘，更不用說了，據說德語說得連德國人也感驚奇。他始終認為要掌握西方文化的核心，外文是絕對必要的，而且不能只是會英文，雖然他自己就是在英語國家拿的學位，也用英語著述。他便曾經這樣評論胡適：「歐洲古代哲學以希臘為主，近代哲學以德國為主，胡適只會英文，既不會拉丁文又不會德文，卻在大學講壇教哲學，豈非誤人子弟？」

另一位哲學家張君勱（民國時期國共之外第三勢力的重要思想家，其妹婿是徐志摩），德文倒是好得很。他留學德國，但他自述去德國前已在留學早稻田大學時讀了三年德文，後來赴德求學，師從哲學家歐伊肯（Rudolf Eucken），這位歐伊肯今人少知其名，但是他曾經獲得諾貝爾文學獎，亦是一位重要的德國文人。我曾於出差哥廷根時，見到街道上立碑紀念他的故居，因歐伊肯正是哥廷根大學的校友，因此張君勱找他指導，可謂投入名師門下。兩人也曾一起合作以德文出版書籍。後來張君勱仕途失意時也受邀回到德國，以德語對當地民眾演講中國哲學。

而語言學家林語堂在萊比錫大學寫博士論文，也翻譯過海涅詩集，也是能掌握德語的。不過，我在他陽明山故居裡看他的藏書，倒沒有看到什麼德文書，大概他早就跟德國說 Ade 了。

另一個留學德國的蔡元培，學術上以及大學理念上受德國影響很深，不過他的德語應該不是很好。他留學德國時間相對較晚，四十歲才去，他晚年在一篇〈我的讀書經驗〉自述文章裡曾坦承，因為沒有下苦功，四十歲才學德文，包括他也曾學習的法文，皆未認真背單字、習文法，「就是生吞活剝地看書，所以至今不能寫一篇合格的文章，做一回短期的演說。」

回到《茵夢湖》，為什麼當年那麼多中國文人及作家喜愛這本小說？小說情節其實平淡，由一位獨居老人萊茵哈特（Reinhard）回憶其與青梅竹馬伊莉莎白（Elisabeth）的純愛戀情，然而少年必須遠行學習，但承諾會繼續寫情書給少女，然而來自家庭、現實的重重阻礙，終究使兩人分開。最後伊莉莎白在母親意願下另嫁。終身未娶的萊茵哈特多年後於茵夢湖畔再訪少年時的戀人，然而往事已矣。在這樣平淡的故事中，讀者可以感受到真摯的愛情在家庭、禮教的束縛中被扼殺，進而心生同情之感。

如果考慮這本小說出版時機，雖然這並不是一本政治小說，但其出版時機是一八四九年，是爭取民主的一八四八年革命被舊勢力無情鎮壓後，讀者更可感受到一種自由被剝除的窒息感。

中國的日爾曼文學學者張玉書在〈德國文學在中國百年接受史〉（Ein Jahrhundert Rezeption der deutschen Literatur in China）一文中，說到了二十世紀初五四運動，當時的青年們在德語文學中找到反抗封建、禮教之千年禁錮的思想資源，歌德的《少年維特的煩惱》是一例，而「也是在這種對於封建主義的精神解放中，此時史托姆《茵夢湖》這本小說被翻譯為中文，為中國讀者所熱愛，迄今（注：張玉書該文發表於二〇〇二年）已有三十種中譯本」。

由此可知，每一個渴望解放的心靈，讀這本小說，應該都有感觸。十九世紀的歐洲、二十世紀的中國如此，今日我們又何嘗不是。從文學經典中感受到的對自由的嚮往，不會因為國家、民族或時代的差異而止息。

您與你

Sie und Du

如果從語言來思考德國社會，會覺得界限分明，例如德國人在德語「您」（Sie）與「你」（Du）的區別上，如此清楚確定地區分出親疏與地位。一位德國朋友告訴我，他永遠忘不了在中學時，到了一定年紀後，老師突然改稱全班同學為「您」，當時他心中湧起的那種陌生但無比驕傲的感覺。那是每個德國人必經的成年禮。

能夠遵守「您」與「你」的區別，曾經是良好舉止的證明，因為能夠正確使用這種語言規範，也表示你是個能夠遵守文明社會規範的人，能夠與他人維持一定距離，並對他人或位階高的人表達尊重。直到二十世紀中葉，德國家庭中的小孩子甚至都還必須稱呼雙親「您」。也因此可以理解，當小孩在學校裡終於有一天也被稱呼為「您」時，內心必然是激動無比的。

今日已經沒有昔日的嚴格區分了。尤其在經過六〇年代學運後，青年人刻意打破階級與界限，同輩陌生人也開始用 Du。但老實說，我可能還是比較老派的人，說起德文時，與陌生人來往我還是習慣尊稱，而一旦進入了非尊稱的關係，那就是一生的友誼。

德文中甚至有一個中文無法翻譯的字 Duzfreund，意思就是彼此間互稱 Du 的朋友，表示情誼已進入非同一般的階段。而傳統上，兩人要從互稱 Sie 跨入互稱 Du 的階段，必須由位階或年紀較長的一方主動更改這樣的互動狀態，才屬合宜，而這往往需經歷多年。

馬丁・布伯（Martin Buber）與弗朗茲・羅森茲維格（Franz Rosenzweig）兩個哲學家之間的友誼，正可說明這樣的狀態。布伯的代表作《我與你》（*Ich und Du*）將「你」的哲學意義發揮到極點，他談人與神的關係，以及人與人的關係，在這關係中不用「您」，而是「你」，因為「與你之關係是最直接的（Die Beziehung zum Du ist unmittelbar）。」「愛就是一個我對於一個你所具有的責任（Liebe ist die Verantwortung eines Ichs für ein Du）」。

當兩人可以互稱為你時，那是一種何等緊密的共存關係，也是一種責任。布伯與羅森茲維格便共有這樣的關係與責任。這兩個極出色的猶太哲學家，合力將希伯來文《聖經》翻譯為德文，在他們翻譯的《聖經》裡，神自己說話時會說「我」（Ich），人說到神時就是「你」（Du）。上帝之名，在兩人的譯本中，遂被轉化成這代表最直接的愛的代名詞裡。

羅森茲維格在與布伯開始合作時，已經得了漸凍人症，喪失了說話能力，兩人的溝通極為困難，一開始羅森茲維格一隻手指敲著打字機，後來連手指也失去運動能力，他必須以眨眼拼字表意。某日，羅森茲維格辛苦寫了一封信給布伯，問道，未來是否可稱「你」，布伯回信說，好的，經過八年的友誼後，我想我們都做好準備進入這一階段了。

羅森茲維格則回信，好的，我們未來就互稱你吧，但是在我心中，你還是那個您。在以前那個時代，「你」這個字的意義與重量，與今日全然不同。我偶爾會想，每次說出這個德文代名詞時，我承擔得起這個責任與情感嗎？

時代在變化，羅森茲維格與布伯堅守界限的年代過去了。究竟稱呼他人的規則是否有變，德語使用者不斷自問。我曾看過企管顧問開課，教導在網路時代，電商是否可以稱其顧客「你」；我也看過企業的網頁上寫著，我們公司的特色就是，有著「互稱你的文化」（Du-Kultur）。可見什麼情況下應該確認距離，以表達尊重，何時又能表達親密與相互信賴，這個問題仍然重要。

不過，與人來往相處及稱呼的方式，本來就不是永遠不變的，例如在德語的歷史上，禮貌性的稱呼原還有其他形式，今日卻早不被使用。

在德語中，ihr 是「你們」，非尊稱的第二人稱複數，然而在德語發展歷史上，這個字曾經是帶著敬語的功能的，其地位類似 Sie。柏林自由大學歷史語言學教授霍斯特・西蒙（Horst J. Simon）的研究指出，在十六世紀時德語地區習慣以「你們」來稱呼對方，即使對方只有一人，這是刻意地不直接指稱對方，而是放在一個「群體」中，間接地向對方說話。這種敬語表達，就叫做「禮貌性多人稱轉移」（Höfliche Person-Numerus-Verschiebungen）。

例如，今日我們會對陌生人問：Woher kommen Sie?（您來自哪裡？）但在十六世紀時的表達方式卻是 Woher kommt ihr?（「你們」來自哪裡？）

為什麼要把對方放在群體中以表達禮貌？西蒙認為學界有不同的解釋，其中一種是迴避，因為稱呼對方 Du，是非常直接的對話方式，藉由把對方放在多人中，避免了直接指稱。這是避免如同用手直接指著對方的感覺。在與人相處的模式中，越是間接，就越是有禮。另一種解釋是，群體，通常代表了更多及更具力量，也因此相對於說話者的單一，對方被有禮貌地放在更高的位置。

但隨著時間推移，學生同輩之間開始使用 ihr 互稱，這個以「你們」來敬稱的方式逐漸被捨棄不用。一個驚人的發展是，十七世紀德語區開始採用第三人稱單數來尊稱對方，例如 er（他），於是，您來自哪裡這樣的問題，就變成了：「Woher kommt er?」理由可想而知，也是為了避免直接指述對方。

因此敬語尊稱從第二人稱複數變化到了第三人稱單數，接下來 Sie 的出現便是必然的趨勢了。這個字原來是第三人稱複數（他們），也是陰性第三人稱單數（她），既有將對方第三者化的功能，也有群體化的功能，便成為絕佳的尊稱詞。

因此，幾百年來，如何尊稱對方，並非完全一致。經歷過民主化、學運、女權運動等各種改革的德國，社會的界限並不像舊時代，以往的規範不再是鐵板一塊，堅守「您」與「你」的差異是否維繫了既有的不平等關係？這也是常被討論的問題。

然而如果問我，我還是認為，依然存在著那些我們必須稱呼對方為「您」的時刻。如布伯說的，稱呼「du」，是我對「你」有著責任，有愛，即使我們不接受布伯在哲學上把「du」推到那麼極致地位的思想，可是這個字還是會喚出對話雙方平等、親密的感受。但這個社會，始終還是必須有界限存在，不是所有對話者之間都應該結盟，例如國會裡針對不同政策辯論的各黨，代表著不同選民的關切與利益，本來就只能敬稱對方；例如新聞工作者，本來就應與政治人物維繫一種批判性的距離。不是每個人都可以、都應該成為互稱Du的朋友。

另外，也有些時刻必須維持距離，以敬稱表達承認對方的地位。在德國影集《夏里特醫院》（*Charité*）第二部中，外科部主任紹爾布魯赫（Ferdinand Sauerbruch）為被炸彈所傷的兒童開刀時，一位來自史特拉斯堡的醫師擔任他的助手，完美地完成手術。手術後，主任問：「你是誰？從沒見過你？」這位醫師才自我介紹，是剛剛到職的史特拉斯堡的醫學教授榮格（Adolphe Jung）。這位完成人類史上首例心臟手術的傳奇外科主任這時說：「你真的很行，因此，從現在起，我會稱你為您（Du bist richtig gut. Deshalb werde ich dich ab jetzt siezen）。」原本，在上下關係中，位置更高者選擇了 Du，但是在承認對方擁有與自己平起平坐的資格後，Sie 回到了關係中，從語言中建立了敬意。

《學院：失敗的綠洲》

“Das Institut – Oase des Scheiterns”

一部很有意思的德國情境喜劇《學院：失敗的綠洲》（*Das Institut – Oase des Scheiterns*）（以下簡稱《學院》），自二〇一七年開播以來，獲得許多忠實支持觀眾，我也是其中之一。這部由德國各大公共電視台合作的影集不只叫座也叫好，媒體評論幾乎都是正面，而《學院》也獲得二〇一八年巴伐利亞電視獎最佳劇本獎、二〇一八年德國喜劇獎。

這部情境劇的劇情是：「德國語言與文化學院」（Deutsches Sprach- und Kulturinstitut），總部設在慕尼黑，負責在全世界對外教授德語、傳播德國文化，並營造美好的德國國家形象。影集的主要舞台就是其中一家分院，設在一個信奉伊斯蘭的中亞國家奇斯別吉斯坦（Kisbekistan）的首都卡拉拉巴德（Kallalabad）。這是個虛構國度，並不真的存在，但是其劇情會讓觀眾聯想起每一個中東或中亞國家。

幾位主角就是該學院的工作人員，包括一心求學院生存以及調回慕尼黑、毫無道德感的院長；整天庸碌無作為，但是有博士學位，大家都尊稱她「博士女士」；以身為巴伐利亞人自豪、時常穿著皮褲的的副院長；曾是柏林圍牆守衛及東德共產黨員、滿口柏林方言的圖書館員，雖然圖書館中其實沒什麼當地人會來借閱，她每天的重要工作是把德國期刊上太過裸露的照片塗黑，以符合當地法令，學院稱之為「胸部工作」（Tittendienst）；天真無邪而具理想、對異文化抱持開放的德語教師；覺得自己是被埋沒的劇場導演、在德國找不到工作、流落到中亞的文化節目規劃人；最後，則是當地雇員，一位醫學院畢業、認真做事、比德國人更具道德感的良善奇斯別吉斯坦青年。

可想而知，要在伊斯蘭國家推動德語及德國文化並不容易，更何況這個國家還有許多自己的問題，例如貪腐、內戰、貧窮等，學院還得用食物吸引人來借閱德國文學書籍，而政府並不支持德國學院的工作，因此學院面對因為太少學生而被慕尼黑總部關閉的壓力，甚至為節省成本，必須偷用旁邊的荷蘭大使館的無線網路。

我最喜歡這部影集的，也是通常能使一部喜劇成功的要素，就是自嘲。劇組把德國人放到一個窘境百出的狀態裡。《學院》作為一部場景在中亞的描述代表德國之機構的劇，必然會設計大量的文化差異的段子，而在這種差異中，諷刺德國文化的「優越性」，並突顯種族主義的荒謬，或者嘲笑德國自身的歷史問題與政治問題。例如，學院說德語考試應該嚴格把關，因為「我們的工作之一就是讓那些愚笨的外國移民不要進到德國」；某次跟隔壁使館競爭誰捐血比較多，德國贏了，人家問「你們怎麼弄到這麼多血的？」院長自豪地回答：「我們是德國啊，鮮血與鐵。」劇中的丑角講出這些刻板印象的時候，搞笑的台詞提示觀眾，在真實中有荒謬，在荒謬中也有真實。

不只是德國與奇斯別吉斯坦的差異，還有與歐洲其他國家、東德人與西德人、柏林人與巴伐利亞人的差異。劇中不斷出現對荷蘭之嘲諷以及對奧地利之厭惡，可是在這種敵意中，學院人員相較他國駐派之外交人員，自己更是「兩光」，完全顯出德國的更加無能。例如其中一集，學院收到總部指示，為配合聯邦政府能源轉型政策，全世界分院都應該轉用綠能，學院從中國購買來的廉價太陽能板因為沒有德文說明書，架設不起來，只好偷偷接上隔壁荷蘭大使館的電——他們非常會蓋風車，是風力發電專家。諸如此類彼此「漏氣」的片段，正呼應了這部影集的副標題：「失敗的綠洲」。

另外，學院的目標在傳遞德國語言與文化，因此必須辦理許多傳播德國精緻文化的活動，例如文學朗誦、戲劇、包浩斯展覽等，這也很符合外國人對這個文化大國的印象。可是由於這些文化節目太過曲高和寡，吸引不了當地人，來參加的人多半是為了免費贈品，最後，學院院長決定舉辦外國人最有感的活動：十月啤酒節。看到文化組的工作人員哀嚎抗議「整個德國的形象都被化約為巴伐利亞?!這麼刻板的老調常談?!不如讓我死了吧！」不能不令人大笑，因為我認識的德國朋友裡，真的許多人說過幾乎一模一樣的抱怨。

然而失敗，也不只是在自嘲與嘲弄他國中呈現的歐洲人的失敗而已，他們所在國家奇斯別吉斯坦（或者這個名字替換成任何一個第三世界國家）也是失敗之地：貪腐、內戰、獨裁、貧窮、骯髒。可是，這些失敗又是哪裡來的呢？影集不無道理地演出歐洲的偽善。例如某一集敘述「歐洲安全與合作組織」（OSZE）對當地選舉的操弄，以維護「民主國家」的帝國主義利益；奇斯別吉斯坦的軍火都購自德國，如學院院長自嘲說，在軍火研發上德國始終相信「科技帶來進步」（Vorsprung durch Technik，原為德國知名汽車廣告詞）。

而說到自嘲，不能不提及德國尷尬的納粹歷史。這部戲在許多不經意的地方丟出納粹梗，有意地嘲弄德國曾經信仰國家社會主義。例如，停電時為了取暖，圖書館員拿來作家鮑姆（Vicki Baum）與褚威格（Stefan Zweig）的書，說可以燒了這些書取暖，而唯一發出異議的，居然是當地外國籍雇員；德國之聲來採訪時，提議讓學員在鏡頭前讀點什麼具德國特色的書，院長說，最有特色就是《我的奮鬥》吧；當荷蘭因為羞辱了伊斯蘭信仰而遭到當地人民圍堵其使館抗議時，荷蘭使館的外交官們來到學院尋求庇護，學院員工討論是否要收容他們時，院長說，這就是《安妮日記》的情節倒過來演啊。

這部影集也在笑謔中點出一些對德國語言的印象（畢竟舞台是語言學校，當然要開語言玩笑）。例如第一集裡，德語教師就對學生們說，德語其實就像奇斯別吉斯坦，「乾燥且佈滿各種未被發現的地雷」。另外學院在取笑德國使館時，也帶出了對於德國語言的笑料：院長對實習生解釋他們在當地所作的事，表示與外交部駐外人員差不了多少，只是他們比外交官更有教養。兩個機構最大的差別在：「外交官做這些事，是為了錢（wegen dem Geld），而我們做這些事，是為了錢（wegen des Geldes）。」這句話無法直接翻譯，因為，院長打趣說，其實德語教師與外交官都是為了錢在工作，只不過別人會用錯誤的、或者口語的文法來形容，而他們的特點就在，永遠使用正確的德語。

不過真有正確的德語嗎？院長這裡指出「為了錢」時用 wegen dem Geld，是口語的、錯誤文法的用法；而 wegen des Geldes，搭配屬格，才是標準德語！可是影集中的圖書館員，來自柏林，始終說柏林方言，喜愛把 gut 發音成 jut，文法上對 Dativ 的偏愛遠遠超過 Akkusativ。在那裡，「標準的德語」恐怕跟別的地方的標準不太一樣。

我自己曾經分別在德國學術交流總署以及外交部安排下，兩度赴德國就讀歌德學院，非常了解歌德學院裏的上課情形，看這部影集時不能不佩服劇組的功力，非常貼近現實狀況，但也在現實之外，找到許多笑點，甚至在搞笑中提出尖銳的批判。老實說，這部影集是專為德國人拍的，其中涉及很多深層德國文化的梗，非常不容易翻譯成外文銷售到國外市場，倘非德國人，也許在許多編劇精心安排的深度段子會覺得不知所云，更加落實外國人覺得德國民族與幽默絕緣的迷思。可是，能理解德國歷史與文化的人，一定也會享受這部不只引人發笑，也引人深思的喜劇。

我們什麼都會，就是不會標準德文

Wir können alles. Außer Hochdeutsch

「我們什麼都會，就是不會標準德文（Wir können alles. Außer Hochdeutsch）。」在德國，許多巴登－符騰堡邦（Baden-Württemberg）的人民喜歡帶著自嘲，但也帶著驕傲地這樣形容自己。

這句話是巴登－符騰堡邦的宣傳語，根據民調，是德國所有十六邦中最讓人印象深刻，因而也最成功的標語。人們會記得，因為這不只是強調自己的強項，也開了自己玩笑，把自己的特色呈現給全國，且毫不介意，甚至帶著驕傲：我們就是說不好標準德語。

為什麼這個德國最西南邊的巴登－符騰堡邦，能夠宣稱什麼都做得到？這個邦是觀光勝地，南有阿爾卑斯山，西接法國及瑞士，邦內有廣大的黑森林。雖然每年吸引大量觀光客造訪，可是真正支撐起這個地方命脈的並非觀光業，而是無數世界一流的機械、製造、汽車等傳統工業，也就是那些德國工業化以來奠定了國家厚實內裡的產業。

這個被森林覆蓋的邦，面積與臺灣幾乎一樣，人口只有一千萬，可是許多我們熟知的一線世界級品牌都在這裡，Hugo Boss、Mercedez-Benz、Porsche、Bosch、Meissner、Wurst等等，還有這些年來越來越知名的廚具品牌WMF——我們喜歡買的WMF，這三個字母正是「符騰堡金屬品製造廠」（Württembergische Metallwarenfabrik）的縮寫。

此外，這個邦也有德國一流的學府，如弗萊堡大學、杜賓根大學、海德堡大學、卡爾斯魯爾理工學院等等，出過無數國際知名學者及思想家，在德國哲學上幾個重要的學派，如現象學、新康德主義西南學派、詮釋學、神學與希臘哲學的杜賓根學派等，都以這裡為大本營。

一生說著史瓦本方言的愛因斯坦，就是來自這個邦的烏爾姆（Ulm）。這裡的人民是農夫、獵人，卻也是科學家、工程師與思想家，難怪他們要自豪地說，我們什麼都會。

說到這個邦的人，尤其是史瓦本地區（Schwaben）的人，德國人總對他們有一個既定的印象：小氣，或者有禮貌一點說，節儉。這也非空穴來風，每年統計儲蓄率，這個邦總是遠遠領先其他地區。

以前我在柏林時，房東來自這個邦的首都斯圖加特，某一天我們聊到這個刻板印象，她說，真不得不承認這個印象是有道理的，節儉的性格深藏在她家鄉人的血液裡，但是他們並非小氣，而是秉持著不浪費的哲學度日，例如他們的機械能夠造得這麼完美，就是為了追求絕對的精準，在加工過程中不會有多餘的廢料，不良品也極少。節儉的天性與其科技工業實力結合在一起，真是這個邦的獨一無二之處。

至於標準德文呢？其實他們不是說不好，是從來沒想要說好。我去黑森林旅行時，一聽到當地人那種柔軟腔調，完全不同於北德的鏗鏘，立刻覺得親切悅耳。該地的方言代表的是地方的驕傲與認同，每個想在這個地方從政的人，就算德語能說得字正腔圓，也得放棄用標準德文競選或問政。因為標準德語腔調對當地政治人物來說，絕非加分。

前幾年德國有一個知名電視節目叫「全世界都說史瓦本語」（Die Welt auf Schwäbisch），把全國甚至全世界政治人物的發言都配音成史瓦本方言，我看了幾集，樂不可支，國會裡的劍拔弩張氣氛，都在史瓦本語那種軟軟的、帶著點土氣的聊天調調中煙消雲散了。

二〇一四年，德國《經濟週刊》（*Wirtschaftwoche*）刊出一篇專文〈東亞的史瓦本人〉（Die Schwaben Ostasiens），報導臺灣的產業發展，記者將臺灣比喻為史瓦本，因為面積差不多，也追求高科技化，這是滿有意思的比較。

雖然這一代的臺灣人大概不再有節儉這個特質了，但是巴登－符騰堡依然可以是我們學習的目標。這個邦地理位置在邊陲，人口不多，山區占了大部分面積，可是其科技實力肯定是德國的重心。臺灣現在還比不上巴登－符騰堡的科技實力，不過，我期待哪天大家也能驕傲地自嘲：我們什麼都會，就是不會標準中文。

另外一提，巴登－符騰堡邦多年來還有一個很有意思的宣傳語：「這裡不錯啊，不過您去過巴登－符騰堡了嗎？」（Nett hier. Aber waren Sie schon mal in Baden-Württemberg?）邦政府把這句口號做成貼紙，免費發送，讓四處旅遊的巴登－符騰堡人帶去世界各地貼。二〇一九年，一個美國時尚美妝網紅上傳了一張她穿比基尼在加勒比海島度假的自拍，結果背景就出現這張標語，使得這句話一下子成為網路熱蒐，也使得貼紙被索取一空，是非常成功的宣傳。

但我也看過一個非常符合「柏林賤嘴」風格的回應。在柏林的某個地方，也被貼上這張標語貼紙，只不過，那句「不過您去過巴登－符騰堡了嗎？」下方，被人用黑色麥克筆寫上了：「去過，爛到不行（Ja, war Scheiße）。」

如果我是一位驕傲的巴登－符騰堡人，一定要做一張貼紙，貼在所有人公認最糟糕的地方，上面寫著：「Schlimm hier, aber waren Sie schon mal in Berlin?（這裡真糟，不過您去過柏林了嗎？）」

文化、社會、秩序

Kultur, Sozial, Ordnung

要定義一個國家或一個民族的文化，是一件太困難的事，也不太可能找到每個人都點頭的完美答案。因此我不會試著為德國文化做定義，但我想提出幾個關鍵詞彙，從不同點切入，在複雜的德國文化中尋找一些線索。

找出關鍵詞彙是一種有趣的觀察。對我來說是幽暗森林中漢斯與格列特（Hans und Gretel）丟下的小石頭，指引他們返回家園的方向；也是錯綜複雜的田間小路上的路標，讓我們可以在看似每一條相同的路上，辨認清楚細微的差異。也許各位觀察德國後，也可想想，如果我們要為臺灣寫下幾個關鍵詞彙，那會是什麼以及為什麼。

一、文化（Kultur）

對我來說，德國文化的第一個關鍵詞就是「文化」，Kultur。

文化這個字現在看起來跟心靈相關，是一種比較抽象的東西，然而這個字的最根源的意義一點都不抽象，而是相當具體的活動。英國學者伊格頓（Terry Eagleton）在《文化的理念》（*The Idea of Culture*）第一章「文化的各種解釋」，就說明這個英語中最複雜的詞之一，是來自農事（husbandry），是從勞動、農業、收割、耕耘中衍生而來的字彙，它的拉丁文字根是 colere，泛指耕耘、棲居到崇拜和保護的一切事物，因此可以視為對自然成長積極主動的照料。

德文裡的文化，與英文一樣，與培育養成有關，德文的培育（kultivieren）這個字就與 Kultur 同源，而在德國超市裡有販售一種菇類，叫做 Kulturpilz，其實就是培育菇的意思。因此，文化首先與土地、勞動、自然息息相關。如果不從這個角度來理解文化，就無法理解歌德當年在其日記本寫下的「遠眺內卡河谷豐富的景色，交錯著 Cultur、草原、樹林、牧地與葡萄園。」其中的 Cultur 是何意思。

這種根源於土地與自然的「文化」，在德國思想語境中，是對立於「文明」（Zivilisation）的。在德國社會學學者埃里亞斯（Nobert Elias）的名作《文明化進程》（*Über den Prozeß der Zivilisation*）裡，便仔細探究了德文的 Kultur 與法國人的「文明」之差異。法國的「文明」，帶著一種政治、經濟、社會發展的意義，是一種進程（Prozess），但德國的「文化」，是一種精神上的，甚至與宗教相關的人類精神之呈現，多體現在具體的作品中，例如音樂、文學、建築、藝術。

「文化」與「文明」的對立，在德國思想中便對應了「共同體」與「個人社會」之區別，德國社會學家特尼斯（Ferdinand Tönnies）於一八八七年出版過一本知名著作《共同體與社會》（*Gemeinschaft und Gesellschaft*），區分出兩種不同的人類集體形式，一種是情感的，與鄉土連結在一起的共同體，每一個人都是一個集體中的成員，特尼斯舉了村里、教會這樣的單位作為例子說明。另一種則是現代的社會，在這裡面，人是孤立的個體，是勞動力。

這樣的對立，呈現了一種有生命力的連結，與個體化的疏離生活之間的差異。德國人自認為生存在「自然」中，保有文化，對建立在現代化中的「文明」不滿，希望回到那種有機連結中。二十世紀初影響力甚大的「青年運動」（Jugendbewegung），就是來自這樣的對文化的嚮往，例如青年旅館（Jugendherberge）就是青年運動中希望人們離開孤獨的都會化生活，回到自然尋求文化根源的德國發明。

連帶著「文化」這個概念的，還有許多與文化相關的關鍵詞，都是觀察德國社會甚至政治的絕佳路徑，例如「文化衝突」（Kulturkampf）、「爭論文化」（Streitkultur）、「主導文化」（Leitkultur）、「多元文化」（Multikulturalität）等。

二、社會（Sozial）

社會主義（Sozialismus）在歐洲或德國有悠久的傳統，社會（Gesellschaft），或者社會的（sozial），是德國文化中極為重要的概念。

德文的社會一般使用 Gesellschaft 這個字，但是在很學術的用語中，也會罕見地使用 Sozietät，以形容人之集體生活形式。而如果我們使用社會的（sozial）這個形容詞，則除了指與社會相關外，還有很特定的政治意義：形容顧及整體利益、尊重他人、非自我的、考量對社會做出貢獻的。

在德文裡，使用 asozial 這個字來罵人，是很不好聽的。這意思是指某人是怪胎，無能於社會生活，具有反社會人格，是有害於社會的。也因此，「社會的」行為，就是一種值得稱許的、顧慮到社會整體福祉的行為。

這個字重要到，德國的社會民主黨、基督教社會黨雖然立場大不相同，但黨名中也有 sozial（不過，請勿與 sozialistisch 混淆，sozialistisch 是「社會主義的」）。在德國政治與政策中，有許多概念與「社會的」結合在一起，多半意指帶著整體利益的、社會福利的措施，例如社會住宅（Sozialwohnung）、社會保險（Sozialversicherung）、社會市場經濟（Soziale Marktwirtschaft）等。在每次選舉中，大概都會看到每個政黨強調自己的政見很sozial。

三、秩序（Ordnung）

Ordnung 這個字直接翻譯為秩序，其動詞為 Ordnen，其實有分類的意思，例如檔案夾就叫做 Ordner，便是從這個動詞來。所以，「秩序」這個概念代表的還是井然有序，是一種明確可掌握的狀態，是無錯誤或失序存在的狀態。

德國一般維繫市政業務的機關，就叫做「秩序局」（Ordnungsamt），處理公共衛生、噪音管制、外國人事務、機動車輛監理、市民戶政，甚至動物保護等，可見「秩序」對一般德國人的影響之深。

德國人之間常見的一種問候方式就是「Alles in Ordnung?」直接翻譯就是：一切都在秩序中嗎？這樣的問候，說出了德國文化中的秩序觀。

德國人多麼重視這個秩序概念，可從一句德國俗語看出：「Ordnung ist das halbe

Leben」——「秩序是生活的一半」，一旦確定了秩序，生活中至少一半也被確定了。另外，「對秩序之愛」（Ordnungsliebe，或者翻譯為「秩序癖」），也是德語中常常出現的用法。

我認為，有些我們認定是德國文化特徵的東西，也是從對秩序感的重視而來。例如，準時（Pünktlichkeit）。管理學教授霍夫史特德（Gerard Hendrik Hofstede）就這樣形容「德式準時」（Deutsche Pünktlichkeit）：「約定時間前五分鐘抵達，就是德式準時。」這種準時行為，其中一個重要面向就是為了避免不確定（Unsicherheit vermeiden），設立規則與界限，以讓約定的雙方都能避免風險。而這，不也正是一種對秩序之愛嗎？

對秩序之愛，使得「規則」（Regel）非常重要，不管是明訂的規則或者僅僅以默契方式存在的規則（例如，約定前五分鐘抵達）；然而，準時不一定是鐵打的規則，也有可能在大家都認知，並且都接受的前提下，不準時，才成為規則，例如大學裡允許課程在約定時間後十五分鐘才開始——這被稱為「學術界一刻鐘」（akademische Viertelstunde 或者 akademisches Viertel），在這種情況下，秩序並未被打破，而是以另一種方式存在。

德國哲學家康德如此定義秩序：「按照某種規則聯結雜多的事物，就是秩序（Die Verbindung des Vielen nach einer Regel: Ordnung）。」這個世界原來紛擾無比，而德國人的內心深處，渴望為這些雜亂無序找到一種規則，把世界整理得一目瞭然，井井有條，使看似不同的個體，都能在某種規則中彼此關聯。這種對秩序之愛，其實也說出了德國政治文化中的對共同體之愛。

輯三 語言與政治

人性尊嚴不可侵犯

Die Würde des Menschen ist unantastbar

二〇一九年是德國基本法通過第七十年，德國各地舉行了盛大慶典，慶祝這部奠定國家基本方向與捍衛民主自由的憲法，七十年來依然保有其活力。

這部憲法起草於一九四九年，因為當時兩德分立，西德的制憲者們，為了避免這部「憲法」確立東西德非屬一個國家之疑慮，以及為未來「一個德國」留下空間，採用《基本法》（Grundgesetz）這個名稱，但實際上就是國家最根本的最高憲法地位。Grund 是根基之意，這部為西德打下良好根基之法，七十年來修改六十三次，隨著社會發展與時俱進，兩德統一後依然保持基本法之名，只是這個根基已經擴展到全德國的土地上了。

甚至可以說，這部憲法不只在德國發揮力量，憲法法院院長安德列亞斯・佛斯庫勒（Andreas Voßkuhle）即指出，「德國基本法被當作是許多其他國家立憲時的樣板，比如葡萄牙、西班牙和愛沙尼亞。在一些亞洲和南美洲國家，德國基本法也起到了典範作用。」從我國大法官熟悉德國法學的程度、引用德國憲法法官解釋與著作的密集頻率，都可以看出德國法學在國外的影響力，連帶地也使基本法成為臺灣法學界最熟悉的「德國製造」產品。

而這部基本法最為人知的條款，就是第一條第一款：「人性尊嚴不可侵犯」（Die Würde des Menschen ist unantastbar）。該條文的完整版本是「人性尊嚴不可侵犯。尊重及保護人性尊嚴為所有國家權力之義務」（Die Würde des Menschen ist unantastbar. Sie zu achten und zu schützen ist Verpflichtung aller staatlichen Gewalt）。這條文從一反（不可侵犯）一正（尊重及保護）方向，規範國家公權力運作目的與義務必須將人放在絕對的高度，正是呼應德國民族所自豪的大哲康德的思想遺產，因為他在其倫理學說中確立了人不得作為達到目的之工具（Mittel zum Zweck），其自身就是目的（Zweck an sich）。

一九四九年時寫下的這個條文，明顯是回應納粹時期所犯下的錯，在那段歷史中，政治意識型態任意踐踏人性尊嚴。因此，戰後許多德國司法機關的建築，都寫著這句「人性尊嚴不可侵犯」，成為指導司法裁判的最高準則，例如我曾工作、居住過的法蘭克福，其檢察總署外牆上就鑲嵌著這句話，提醒所有從事法律工作者，德國曾經存在著人性尊嚴受國家權力任意侵犯的時期。而聯邦憲法法院亦稱，「人性尊嚴」是一種「承載的建構原則以及憲法最高價值」（tragendes Konstitutionsprinzip und oberster Wert der Verfassung），也就是說，整部規範德國國家秩序、法律秩序的憲法，都源自於對人性尊嚴這個最高價值的保護，那是建構德國這棟大廈的最根本起點以及承載點。或者，借用希臘物理學家阿基米德的名句「給我一個支點，我可以舉起整個地球」，人性尊嚴是法學家的支點，用以支撐整個德國。

unantastbar 是絕對不可被侵犯之意，其相反詞就是 antastbar，知名作家席拉赫（Ferdinand von Schirach）便曾經出版一本文集《可被侵犯的尊嚴》（*Die Würde ist antastbar*），便是刻意借用基本法第一條文字。

也因為這一條文太知名，媒體常借用下標。例如，我曾讀過報紙討論是否要改變部分高速公路路段的無速限，為全路段設下速限以減少車禍發生時的傷亡程度，然而此提議引發的抗議不只來自車商（可以想像倘若設下速限，勢必影響車商所造的那些極快跑車的銷量），也來自愛開快車的德國駕駛們。媒體便戲稱：「汽車尊嚴不可侵犯（Die Würde des Autos ist unantastbar）。」

unantastbar 與 antastbar 這對形容詞，都與動詞 antasten 相關，這個動詞有「碰觸」之意，另外也有侵犯、損害之意。例如這個例句：Der Staat darf die Freiheit des Individuums nicht antasten，「國家不得侵害個人自由」，其實也表示了自由是國家公權力不可碰觸的神聖領域，所以基本法第一條也可以換個角度這樣解讀：人性尊嚴，碰也碰不得！

順帶一提，在基本法七十周年慶祝活動中，德國政府推出一句極有意思的口號，呈現了「憲法」（Verfassung）這個字的雙重意義：「In guter Verfassung dank guter Verfassung」。Verfassung 用在 in guter Verfassung 這個詞組中時，意思就是在良好的狀態下。sich in schlechter Verfassung befinden 就是「處於糟糕的狀況中」。口語常說 Ich bin nicht in guter Verfassung 就是說我狀態不好，如果我說 Ich bin körperlich gesund und geistig in guter Verfassung，就是說我身心都處在很好的狀態。所以德國政府推出的這句口號，是透過雙關語強調：感謝好的憲法（dank guter Verfassung），使我們處在很好的狀態（in guter Verfassung）！

另外，二〇一九年德國第二電視台推出了電視影集《在最好的狀態裡》（*In bester Verfassung*），描述在北萊茵西法倫邦憲法保護局（Verfassungsschutz）工作的情況，也是玩了 Verfassung 同時具有的「憲法」與「狀態」之意的文字遊戲。

請容我這樣說，主席先生。您真是個混帳東西！

Mit Verlaub, Herr Präsident. Sie sind ein Arschloch!

許多人認為德國人是冷靜論理的民族，不過在政壇上，理性的德國人你來我往地爭吵有時也滿兇狠。尤其是我曾居住工作過的黑森邦，這個邦的議會向來以議事凶悍著名。

一九八四年時，來自法蘭克福的年輕的綠黨國會議員，約舒卡・費雪（Joschka Fischer），懷著一身在黑森邦議會與法蘭克福街頭訓練出來的潑辣，跟當時的國會副議長理查・施提克倫（Richard Stücklen）吵了起來。

這兩人是截然不同的兩種政治人物，費雪自居為生態環保基本教義派，曾在學運街頭丟雞尾酒炸彈，從政後也穿著籃球鞋去邦議會問政，震驚了保守的德國政壇；而施提克倫是標準的傳統政治權貴代表，來自巴伐利亞，第三帝國時代是納粹黨員，在一九八三年前擔任多年國會議長，隸屬極保守的基督教社會黨。可想而知，這兩個不同世代的政治人，有著截然不同的信念與從政風格。

當時兩人針鋒相對，施提克倫氣得宣布議事中斷，除非把費雪趕出國會議事廳，不然他不開會了。

費雪當時一氣之下，說出了應該是他從政生涯最知名的一句話：「請容我這樣說，主席先生。您真是個混帳東西！（Mit Verlaub, Herr Präsident. Sie sind ein Arschloch!）」接著就被趕出去了。

這句話多麼的具有德國特色，就算要說出這麼激烈的罵人話（Arschloch 就是屁眼，對德國人來說已經是很惡毒的粗話了），還是得先來一個「請容我這樣說」，然後用敬語稱呼「主席先生」，真正的德式禮貌。

施提克倫當然氣炸了。而當天所有新聞都刊出了這句名言。最好笑的是，隔天，費雪表示他願意收回這句話。於是媒體又報導了：費雪表示他收回施提克倫是個混帳東西的話。主席先生又再次與混帳東西連接在一起。

從此施提克倫永垂德國政治史，再也無法擺脫這句話。這句「Mit Verlaub, Herr Präsident. Sie sind ein Arschloch!」甚至還有周邊商品，我就曾看過鉛筆、T-Shirt、購物袋、馬克杯上面都印了這句話，曾有一本寫德國綠黨崛起歷史的書，也以這句話作為書名。

這個 Verlaub，意思是允許，但幾乎只用在 mit Verlaub 這個詞組裡，「請容我……」的用法，很明顯地就是要說出什麼可能會得罪人的話，因而要先打出這個起手式。例如：

Das ist mir, mit Verlaub, zu langweilig.（請容我這麼說，我覺得這實在太無聊了。）

另外，同樣的意思也可以換句話說：

mit Ihrer Erlaubnis（請您允許我）

wenn Sie gestatten / wenn Sie erlauben（如蒙您許可）

wenn es erlaubt ist（如果許可的話）

nehmen Sie's mir nicht übel（請您別認為我有惡意）

wenn ich ehrlich sein darf（倘允許我誠實說）

bei allem Respekt（恕無不敬）

以上都是相當典雅有禮的罵人或抱怨之前奏曲。

或者，我們也可以不用那麼「彬彬有禮」的說法，平易近人版本「Entschuldigung, aber...」（抱歉，不過……）也是可以的。

除了跟人吵架用，這句 mit Verlaub 也帶著自豪或不屑的驕傲。德國十九世紀末的漫畫家及詩人威廉・布須（Wilhelm Busch），曾創作膾炙人口的詩畫集《托比亞斯・克諾普—一位年輕人的冒險》（*Tobias Knopp. Abenteuer eines Junggesellen*），講述主角克諾普的冒險。有一章就是克諾普到了山裡面，遇見當地一位化外之民，飲酒狂歡的老人，對於世俗的精美享受、文明教養，以及女人的溫柔相待皆無任何嚮往，他說：「這世界令我噁心（die Welt ist mir zum Ekel）。」藉著這老人之口，布須寫了一句名詩：「請容我這麼說，我無比的自由（Mit Verlaub, ich bin so frei）。」

抱歉，我並無不敬，但我不需要理會這個世界的價值觀，因為我是個完完全全的自由人！布須的這句話說出了很多人的心聲，也使他在文學史中留名。「古騰堡電子全文計畫」便收錄了這本書，另外，一本記錄布須之家鄉維登薩爾地區（Wiedensahl）的地方諺語及詩句之書，書名正是《請容我這麼說，我無比的自由……維登薩爾地區之智者最美的語錄及詩句》（*Mit Verlaub, ich bin so frei... Des Weisen von Wiedensahl schönste Sprüche und Sentenzen*）。

無法分裂

unteilbar

二〇一八年十一月，在德國柏林舉行了一場大遊行，主題口號是 #unteilbar（無法分裂）。打開新聞，都是關於這場反對種族主義、反仇外、反歧視的、能量十足的遊行，據媒體報導，有超過二十四萬人參與。

新聞中一個女孩被問到為什麼來參加這場遊行時，她的回答十分動人。她說：「我來實踐一個承諾。我的祖母曾經對我說，答應她，這一代不要讓她那一代所經歷過的浩劫再次發生。因此我今天為了這個承諾來此。」

在遊行策劃者的網站上，這麼寫著其宗旨：「我們不允許社會國家、難民與移民被擺弄為彼此對立。我們拒絕基本權利及自由權利繼續這樣被限制下去，我們的力量就在於我們的多樣，我們不可被分裂地（#unteilbar）支持平等及社會權利。」

「unteilbar」這個字作為遊行主軸選得很好。數學中可被整除的概念就叫 teilbar（或名詞 Teilbarkeit），所以 unteilbar 表示，我們是一個不能被任何其他因數再除的整體，我們不可再分裂為更小的個體。

德文中有句拉丁諺語：divide et impera，也就是：分裂而統治（或者也可翻譯為分裂而征服、分裂而宰制）。這句德文是 teile und herrsche，詩人海涅翻譯成 trenne und herrsche（區分而統治）。teilen 也有分享之意，例如臉書德文版的分享功能就寫成 teilen。但是在這個片語裡是分裂，表示征服一個國家最好的手段，便是分裂這個國家。在反歧視的遊行中，德國人走上了街頭，試圖維繫這個國家，表明了：這個民主社會，自由世界，對人權的尊重，對差異的包容，不容分裂。

這個源自拉丁文的概念，已在德國語言中生根，一般口語中少見，但是在書面語中仍時常出現，尤其報章評論在談及德國國內或歐盟政治時，例如「分裂而統治的政策」（die Divide-et-Impera-Politik）就是常出現的說法。哲學家康德在他知名的論文〈論永久和平〉（Zum ewigen Frieden）中也引用這個拉丁文片語寫道，玩弄權術者的其中一種統治術就是「分裂而統治」。

除了德國，這句話在歐洲其他地區也流傳下來。西班牙的連續劇《紙房子》（*La Casa de Papel*）其中一集，犯罪的策劃者預想警方將策反犯罪集團成員內訌，他在黑板上寫下的一句話就是「DIVIDE ET IMPERA」，並要求大家小心警方的分裂之而戰勝之策略（divide y vencerás）。他說，就是這樣一個口號，幫助義大利一個小鎮征服了全世界，也幫助拿破崙完成其偉業。

二〇一六年起，德國綠黨要求政府應該在網路安全上有更主動出擊的做法，因此德國政府建立「網路諮商機制」（Cyberkonsultationsmechanismus），試圖與中國舉行網路安全的定期對話，第一次的會議於二〇一八年舉行，可以說是一次失敗的會議，雙方對於網路安全規範無法取得共識，因而也未如許多國際會議一樣，發表會後共同聲明；人權問題也被略過不談；如何進一步保護智慧財產權，中國沒有給德國什麼建設性的答案；梅克爾希望與中國方面達成不刺探情報的協議——媒體戲稱為「無間諜協議」（No-Spy-Abkommen），也無法在資安會議中達成。綠黨便稱，德國政府在這些議題上完全被中國的「分裂而統治的戰略」（Teile-und-Herrsche-Strategie）牽著鼻子走。

近年來，歐洲對於中國明顯無有效戰略可因應，一個很大的原因就在於，面對中國的歐盟，不是一個無法被除下去的質數；歐盟並非無法分裂，中國就是那個因數，正分裂之，雖然仍未達成統治之。例如，二〇一九年四月，包括十一個歐盟會員國在內的十六個中歐與東歐國家與中國舉行高峰會，加入了中國「一帶一路倡議」。會中承諾增進彼此貿易往來，並對大型跨境基礎設施計畫予以更多支持。法國與德國想針對中國打造一個更具防衛性的策略，反對中東歐國家與歐盟不同調的行動，法國財政部長勒麥爾（Bruno Le Maire）便批評歐洲東部十六國和中國單獨協商，但匈牙利外交部長西亞爾托（Peter Szijjarto）反駁此批評，表示德、法兩國與中國商業往來，遠比其他中歐國家來得多，且常直接與北京政府接觸，言下之意，與歐盟不同調的，包括這些西歐國家也是。他抱怨：「當德國總理、法國總統和中國領導人見面，沒有人認為那是個問題。」

不過，必須持平地說，分裂歐洲的也不只是中國而已。兩位義大利作家施帕文塔（Alessandro Spaventa）與薩烏里尼（Fabrizio Saulini）便曾經著書《分裂而統治：新保守主義者分化歐洲之策略》（*Divide et impera: la strategia dei neoconservatori per spaccare l'Europa*），批判美國的新保守主義在歐洲的兩手策略。

無論誰在分裂歐洲，無論誰是敵友，也許唯一不變的是，divide et impera，始終是至理名言。

與狼的鬥爭

Wolfgang

讀《西頓動物記》（*Wild Animals I Have Known*）第一章狼王羅伯的故事，不能不對那個殘暴、聰明、狡詐但又無比深情的狼王留下深刻印象。他太過強大，人類無法戰勝他，只能從他的伴侶下手——一匹美麗的白狼。我想起第一次看到全身雪白的狼，是在柏林動物園裡，那北極狼（Polarwolf）站得挺直望向遠方，那麼美麗、安靜而神祕，第一眼我便被迷住了，與那匹狼相望了好久，不能移動步伐。

狼王羅伯是美國故事，但是德國也有許多關於狼的故事或傳說，這同樣是讓日爾曼人著迷的野獸。我想以一個我一直非常喜歡的德文名字解釋這種著迷：Wolfgang（沃爾夫剛）。

這是一個很傳統的名字，存在德文中已有一千多年，Wolf 是狼，Gang 是行走、步伐，所以 Wolfgang 可以理解為狼跡、狼蹤；但是 Gang 也有結夥的意思（此時詞性為陰性），因此 Wolfgang 理解為狼群也合理。不過我最認可的是德文維基百科的解釋。維基百科引用了《德文名字大字典》（*Das große Vornamenlexikon*），把

Gang 解釋為交火（Waffengang）、爭執（Streit），而 Wolfgang 就是指「與狼鬥爭者」。語言學家雅各・格林（Jacob Grimm，《格林童話》作者之一）即在《德國神話》中把 Wolfgang 這個名字視為是戰勝狼的英雄之名。在《格林大字典》（*Deutsches Wörterbuch von Jacob Grimm und Wilhelm Grimm*）中也把 Wolfgang 解釋為獵狼（Wolfjagd）。也因此，每一位沃爾夫剛，都被期待如同一位獵狼者（Wolfsjäger）那樣勇猛。

德語維基百科這樣解釋這個名字的魔力：日爾曼人對於狼極為敬畏，當日爾曼人站上戰場時，感覺自己化身為狼，戰士們並披上狼皮，盼擁有狼的力量，甚至戰士們也學習狼行進的模樣。另外，在古老日爾曼及北歐神話裡，戰神奧丁（Odin; Wotan）腳邊就站著兩匹狼：Geri（代表貪欲）、Freki（代表飢餓）。除了貪婪且飢餓的兇狼，沒有別的動物更適合陪伴戰神。

因此可以說，日爾曼人對狼這種神祕勇猛的獵人形象著迷不已，視其為一切危險的來源（我們熟知的小紅帽故事，那森林中的幽暗、食人的危險，即以大野狼為象徵），但也希望自己能在與狼的鬥爭中，占領那種撕裂一切的力量。狼是強大的敵人，但也是我們自己（或者我們想成為的自己）；是吞噬我的毀滅者，但是我也披上其皮，盼當我步上戰場時，身邊有這樣的野獸隨侍，盼自己也成為那樣毀滅的力量。德文世界歷史上被取名為

Wolfgang 的名人無數（例如莫札特、歌德），也許父母們正是要藉由這樣的命名，盼望其子成為具備足夠勇氣及力量的與狼鬥爭者。

另外，很少人知道希特勒的名字 Adolf，也是某種德意志方言的 Wolf 的變形，看到 Adolf 這個名字，亦不能不讓我聯想起某種吞噬一切的瘋狂及兇殘。也許是因為名字的典故，但也許也是因為德意志文化裡對狼的迷戀與敬畏，希特勒自己非常喜歡這種動物，在他崛起前的一九二〇年代，在其通信中常可見他署名自稱「狼先生」（Herr Wolf），後來二戰時，他也將自己的作戰指揮中心命名為「狼穴」（Wolfsschanze）。

納粹之自視為狼，還可從一篇文章中讀到。一九二八年，後來成為納粹宣傳部長的日爾曼文學博士戈培爾（Joseph Goebbels），在其文章〈我們在國會裡想要的是什麼？〉（Was wollen wir im Reichstag?）寫下了這段常被引用的段落：「我們要進入國會，好在民主的武器庫裡，取得他們自己的武器。我們會成為國會議員，以威瑪共和國給予的支持，破壞威瑪的精神。如果民主笨到給予我們這種通行證及養分，大力地協助我們，那是他們自己的事。我們不會猶豫，會善用各種法制工具，為今日的狀況帶來革命……我們不是以朋友的姿態或中立者出現，我們是以敵人的姿態而來！我們來到的方式，就如同衝入羊群中的狼。」

正是因為狼所象徵的凶狠，在德文中有一字「狼之戰」（Wolfkrieg），形容毫不留情的、無任何保留餘地與規範的血腥鬥爭。這個字的形象太過鮮明，以致有個俄羅斯的死亡金屬搖滾樂團採用了德文字彙「狼之戰」作為團名。此外，英國政治哲學家霍布斯（Thomas Hobbes）所描述的，人類在政治法律存在以前彼此為敵的「自然狀態」，也被學者稱為「所有人對抗所有人的狼戰」。

提到狼，近年來德國人對狼的愛恨兩難，也值得一談。這些年來德國的狼數量增加，被保育人士認為是自然環境保護得宜的成果，德國保育法規也規定，只有在甚為嚴苛的前提下，狼才能被射殺。但是，也有許多反對狼的人士，認為狼侵害了人類的生存空間，危害了其他動物，破壞農業運作，應該驅逐，甚至舉行示威遊行，在街頭高喊「狼必須走！」（Wolf muss weg!）「對狼說不！」（Nein zum Wolf!）「狼？不，謝了」（Wolf? Nein Danke）

令我驚訝的是，不少反狼聲明讀來，深覺如同部分人士在移民爭議中反移民的主張，例如德國農人協會及獵人協會發布的新聞稿，都這麼寫著：「歡迎狼是不夠的，政治必須盡速採取行動（Willkommen Wolf reicht nicht, Politik muss dringend handeln）」，把保育人士與所謂德國的「歡迎文化」（Willkommenskultur）連結在一起。較具政治敏感度的讀者，會立刻想到，因為難民議題中反對者對支持者的批評，「歡迎文化」成為這些年來德國政壇的關鍵字。曾任德國國會副議長的綠黨議員歌林－埃克哈特（Katrin Göring-Eckardt），於二〇一五年底難民議題最盛時，便說過一句廣為媒體引述（也廣受敵對陣營批評）的話：「歡迎文化是針對恐怖主義最好的防禦（Willkommenskultur ist der beste Schutz vor Terrorismus）。」反對難民的陣營認為，一味歡迎是天真的舉動。對於狼的抗拒中，也已然可見到生態論述參雜了政治詞彙，狼與難民，都被視為將對「在地」造成威脅的異種族群。

併吞

einverleiben

二〇一九年的台德關係中最大的新聞，就是一位德國民眾克洛伊茲貝格（Michael Kreuzberg）自發提出正式承認中華民國臺灣的連署請願案，並獲得連署通過，德國國會請願委員會召開公聽會，邀請請願發起人以及臺灣民眾代表出席說明。當時我認識的許多媒體記者以及政界人物都與我討論此事，因為正好在香港抗中事件期間，德國媒體特別關切此類新聞，臺灣一時間也成為德文媒體熱議話題。

雖然許多臺灣人對這個請願案感到興奮，但是我身邊多數朋友都知道，德國政府不太可能改變現行一中政策立場，最後也確實沒有具體結果，但是我仍然相信這是值得每一位朋友支持的活動，因為那可以刺激德國政府與社會重新討論因襲已久的中國政策，以及是否應該更認真看待臺灣對於自由世界的貢獻。

二〇二〇年一月九日，德國第一公共電視台柏林特派員桑巴勒（Markus Sambale）做了一篇報導〈一中？兩中？為什麼德國對臺灣的關係如此棘手〉（Ein China? Zwei Chinas? Warum das deutsche Verhältnis zu Taiwan so heikel ist），並於十一日刊出文字〈臺灣沒有機會〉（Keine Chance für Taiwan），刊登在老牌新聞網站《每日新聞》（*Tagesschau*）上。這篇報導確認了我們的想法，他指出德國外交部在公聽會後，仍然拒絕正式承認臺灣，因為跟中國之間的政治與經濟往來利益實在太大，德國外交部認為，改變現行一中政策並不符合德國的國家利益。

這篇報導中幾段話值得記下。首先是外交部的代表齊格孟（Petra Sigmund）表示，臺灣在一九八七年結束動員戡亂的戒嚴狀態後，完成了令人印象深刻的道路，成功發展為一個充滿活力的民主國家。綠黨前主席暨國會議員歐茲德米爾（Cem Özdemir）也說，倘若我們站在臺灣人角度設身處地想一想，看看現在香港的情況，便可以理解為什麼人們不相信有和平統一的可能，他在推特上也寫道：「我們不能對一個自由民主政體置之不顧。」

而那位連署發起人克洛伊茲貝格所說的話，更是令人動容：

「本案攸關於，保護一個民主政體，使之不受共產獨裁侵犯。我認為，我們西方民主國家有政治上及道德上的責任與義務，去保護臺灣。我們有能力阻止紅色巨龍某日併吞這個雖小但勇敢的國家。」

他用來表示「併吞」的字，是 einverleiben，這個字在二〇一九年的德文媒體上報導兩岸關係時常常出現，很值得多談。以前我讀報，比較常看到記者以 annektieren 這個字來表示併吞，這是書面用語，從拉丁文 annectere 而來，表示接連起來，尤其在政治領域的概念，例如區域或領域（Gebiet）、領土（Territorium），都常常接上這個動詞；與此相比，einverleiben 則非來自外來語，而是來自日爾曼語源。ein 是納入，ver 是狀態的改變，且通常是不可恢復的改變，這個字首帶出的動詞，通常也產生負面的結果；而 Leib 是身體。所以這個動詞可以直接被理解為：納入結合成為身體的一部分。真正的意思是納為己有，且通常是以暴力或者不合法、不正當方式，因此中文說併吞，其實是到位的翻譯；另外這個動詞如果以反身狀態使用（sich einverleiben），則形容吞食、狼吞虎嚥地急急忙忙進食貌，所以「併吞」，雖然少了身體的概念，但也把吞的意象表達出來了。另外，商業上說到企業併購時，也常用 einverleiben 這個動詞。

《杜登》字典在「併吞」的字義上給出的例句是：er hatte die eroberten Gebiete seinem Reich einverleibt（他將其占領區域併吞入其王國）；而在「吞食」的字義上給出的例句是：ich habe mir den übrig gebliebenen Kuchen einverleibt（我吃了剩下的蛋糕）。值得一學的是，吞食也可以用來引申為在思想上獲為己有，例如：sich neue Erkenntnisse einverleiben（學得新知識）。

除了 annektieren 這個類似字，還有另一個同樣來自拉丁語的類似字：inkorporieren。這個字明顯來自拉丁文的 in（進入、納入）與 corpus（身體），因此也與德語 einverleiben 一樣是與身體相關的詞。

這些與身體息息相關的「併吞」，總讓我想起日本動漫《進擊的巨人》裡，龐大的巨人抓起無助人類往嘴裡放的強烈血腥意象。而當那位見義勇為的德國民眾在國會發言，說紅色巨龍正在併吞位在一旁的小國時，不也喚起了我們這樣的意象嗎？

既然說到拉丁文的身體（corpus），就再多說一些。一般學習德語的人學到的德語字，身體並不是 Leib，而是從 corpus 演變而來的 Körper。這兩個概念都是身體，然而今日的德語中已有區分。在德國哲學中，將 Körper 視為一種客觀的、物理性的存在物，但是 Leib 則是主觀意向去感受到的身體，那是我們作為主體與對象界之間連接的關鍵，是各種感覺所發生之載體。

也因此，Leib 不只是血肉骨的組合，而帶著靈魂、帶著意念、帶著精神，甚至帶著神聖的象徵。根據「成語索引」（Redensarten-Index）這個網站的解釋，中高地德語的「lîp」這個字，與「存留」（bleiben）以及「生存」（leben）兩個字相關聯，原來 lîp 是在古代形容那些在戰場上的戰士仍能存留下來，而這「存留」（bleiben），也帶著身體一字。這裡我們見到了，身體、存留、生存及生命都彼此相關，而且都帶著古老的氣息，在日爾曼人的戰場上被體現。

哲學家黑格爾曾經以這樣知名的句子定義「語言」：「思想之體」（der Leib des Denkens）。在前述的意義上，我們更能精確地把握這裡的思想與語言的關係。思想留在了語言中；因為語言，我們所理解與思考的東西，才得以成為我們身體的一部分，才得以存續。

充滿災難的致敬

eine unheilvolle Huldigung

讀二〇二〇年一月三十一日出刊的《明鏡週刊》，在舉世皆關注武漢及中國情況的時候，最重要的專題報導當然是新型冠狀病毒。

記者們寫了一個標題：「Keim der Angst」，意思是恐懼的源頭。Keim 是一個生物組織最開始起源的核心，例如植物生長的胚芽，另外，也是病菌來源的那個核心。所以這裡記者們刻意用了雙關語，這個病毒製造的是傳染病，但是恐懼也因此萌芽。

不只是對病毒的恐懼，還是對人的恐懼。文章報導，西方出現對亞裔的歧視，例如法國推特上許多抱怨遭受歧視的文章，使用了熱推標籤「#JeNeSuisPasUnVirus」（#我不是病毒），以及部分超市裡出現顧客拒絕讓亞裔工作人員服務的情形。此外，我認識的一位在國外求學的臺灣女生，也與她的其他亞裔同學們在街上被歧視，被要求帶著她們的病毒回到中國——雖然她們之中無人來自中國。確實可以看見，這場傳染病，已經滋生了許多無來由的恐懼與歧視。

文章也寫到，世界衛生組織總幹事譚德賽（Tedros Adhanom Ghebreyesus）訪問中國、拜會習近平時，稱讚中國面對疫情處理速度世所罕見，也能由此看出中國的效率，對世界其他各國防制疫情有幫助。他這麼說：「您為人民的健康實踐了重要的進展。」另外，他也稱讚習近平的領導力，且北京之作為「有助減緩病毒散布到其他國家」。

這種荒謬言論，當然引起國際社會很多批評，對此，譚德賽居然加碼說，他會「一再一再地讚揚中國」。難怪二月二日臺灣外交部長便在冠狀肺炎的國際記者會上斥責：這些世界衛生組織的人是不是住在平行時空？這些人「是在說哈囉」嗎？而當我看見英國首相強森說，我們必須做好心理準備，可能必須跟摯愛之人提前告別，我內心也非常憤怒。倘若世界衛生組織不全盤接受中共對疫情的說法，能夠及早認真面對，（該組織的推特甚至於一月中，還在宣傳中國政府所謂無明確人傳人證據的說法！）不知多少人可免於提前失去其摯愛？

《明鏡週刊》的記者們寫道：「對於WHO之領導的致敬，習近平以心滿意足的帝王之姿接受。」（Xi Jinping nahm die Huldigungen des WHO-Chefs wie ein zufriedener Kaiser entgegen.）這一句話特別引起我的注意，不只是因為其中的嘲諷語氣，還有這個字：Huldigung。

這個字今日都稱「致敬」，二〇二〇年年初因為科比過世，德語體育新聞報導常出現「舉世致敬」這個字，例如球隊們刻意二十四秒進攻違例，以紀念科比的背號，就是 die Legende huldigen（向傳奇致敬）。不過，記者們只是在這層意思上嘲諷嗎？我懷疑不是，因為 Huldigung 有其中世紀的歷史根源，所謂 Huldigung（動詞 huldigen），是拉丁語的 homagium，也就是古代的臣下對其統治者表示臣服及忠誠的一種儀式。日文便將此詞翻譯為「臣從儀禮」。

最常見的一種 Huldigung，就是臣下跪在地上，舉起其手，向坐在王位上的主君致敬，象徵奉獻與忠誠，德語對此有一專有名詞 Kommendation，是來自拉丁語的 commendatio，意指託付。日文翻譯為「託身」。

譚德賽的「致敬」，問題還不在於他個人以及他所代表的國際組織活在平行時空而已，更嚴重的是，他讚許中國的威權統治方式很有效率地對人民健康做出貢獻，更是無視於威權政體為中國人民帶來的問題。《南德日報》駐中國特派員朵依柏（Lea Deuber）更以一篇評論〈這次疫情證明了威權體系的失敗〉（Die Epidemie ist ein Versagen des autokratischen Systems），直言威權體制下的中國，在疫情爆發時欺瞞掩蓋。

可是，世界衛生組織卻在中國面前肯定了威權體系。《明鏡週刊》寫道，對於習近平政權，這次危機反而提供了一個絕佳機會，證明中國的政治體系比西方更佳，因為「你們西方說我們的手段太過嚴苛，我們說那是效率。」記者們把習近平比喻為帝王，以帶著朝貢臣屬意義的用詞描述世界衛生組織對他致敬，確有道理，這位國際組織的高級官員以其讚美之辭，肯定了習近平在災難時代的領導，另一方面也否定了民主國家長久以來對中共的獨裁體制之批評。這確實已經是一種西方對北京的磕頭。

全球危機中荒腔走板的國際組織官員之言論及作為，使我一直想起德國已故聯邦總理施密特（Helmut Schmidt）的一句廣為人知的名言：「品格會在危機中展現（Charakter zeigt sich in der Krise）。」面對權力者，你會展現什麼樣的品格，危機正是一次絕佳的試驗機會。

在德國第三帝國時代，人們對希特勒舉起右手的致敬，也被比擬為下屬對今上的Huldigung，在法蘭克福大學社會學教授阿勒特（Tilman Allert）精彩的小書《德意志問候——關於一個災難性的姿勢的歷史》（*Der deutsche Gruß. Geschichte einer unheilvollen Geste*）中，便分析了那「日常生活化的對希特勒之致敬」（veralltäglichte Huldigung Hitlers），「問候」原有其社會功能，在彼此問候間，可維繫平等往來的共同體及社會組成，卻在對希特勒致敬這種對一人之臣屬中，瓦解了「問候」原有的功能，將德國帶向毀滅與瓦解的災難。

世界衛生組織的「致敬」，挪用阿勒特的話來說，其姿態是充滿災難的。他所用的災難這個字 Unheil，最原初的意義關聯於「無法治癒的」（unheilbar），在這個傳染病的時代，正是一個絕佳的隱喻，但願世界衛生組織的錯誤姿態，不會使這個充滿災難的時代，成為一個無法被治癒的時代。

在雞蛋間跳舞

Eiertanz

二〇二〇年的臺灣總統選舉之後，世界多國領導人或外交部長循例發來賀電，或在官方網站，或者利用社群媒體如推特、臉書等發表賀詞，恭賀臺灣作為亞洲的民主典範，舉辦了一場足以自豪的公正選舉。但是只有一個傳統上被視為與臺灣關係親近的民主國家相對上很安靜：德國。

嚴格來說並不是沒有表態，而是由德國在台協會的臉書刊出其處長的賀詞。但是熟悉台德外交關係的朋友們都感到不尋常，因為，二〇一二年時的大選結束後，當時自民黨的外交部長韋斯特維勒（Guido Westerwelle）便祝賀馬英九總統的當選，而二〇一六年時，被認為向來與中國保持非常良好關係的外交部長史泰恩邁爾（Frank-Walter Steinmeier），更是在大選當天便在德國外交部網站上刊出這樣的賀詞：

「臺灣所舉辦的自由而公平的選舉明確地展現了民主在臺灣生根，以及臺灣享有極高的民主價值。維持台海的和平與穩定是我們最優先的考量，我們樂見迄今台海關係的正面發展，並希望已經開始的雙方對話及和解，可以在共識與無強迫中，繼續穩定持續。德國將遵守一中政策架構，未來繼續支持台德交流。我們也將繼續支持臺灣實際參與不需以國家身分加入的國際組織。」

老實說，這篇賀詞因為強調一中政策，不會完全令臺灣人滿意，但也不會讓中國滿意。這是一篇斟酌再三、沒有誰能完全滿意，但在外交上安全的文字，稱讚臺灣的選舉與民主，在政黨輪替的時間點上呼籲台海和平穩定，並希望繼續和解對話；支持臺灣參與國際組織，卻又強調，支持的前提是非限以國家為參與資格。但無論如何，算是肯定臺灣，表達善意。

然而，到了二〇二〇年，德國聯邦政府異常沉默。選舉是在週六，當天選票都還沒開完，已經有其他國家的政治人物搶先祝賀蔡英文總統連任，結果確定後美英法等國家的高階官員都快速在社群媒體上祝賀，直到隔天週日，已有等不到德國外交部聲明的記者，在推特上直接問外交部長馬斯（Heiko Maas），何時會對臺灣大選結果表態。答案遲遲未來。

到了週一，在柏林的聯邦政府新聞發布會上，一位記者舉手發問，政府是否已祝賀臺灣總統當選人時，政府發言人塞伯特（Steffen Seibert）才說，樂見該選舉是自由和民主的且和平順利。再繼續被追問時，不甘願地說：「針對這一點，我沒有任何可報告的。」

為什麼如此冷淡？自然是考量中國因素。尤其是，如果考慮到當時德國外交部東亞司高階官員正在北京訪問，並在十六日推文表示，與中共談妥了全年合作交流計畫，答案更呼之欲出。

《法蘭克福廣訊報》駐北京特派員柏格（Frederike Böge）便寫了一篇〈不祝賀總統〉（Keine Glückwünsche für die Präisdentin）的報導，寫道中華人民共和國密切關注外國政府對臺灣大選的態度，其外交部長王毅強烈批評「某些西方政客的錯誤言行」。在這種氣氛中，可以想見，一直強調一個中國政策才最符合德國國家利益的德國政府，悶聲發財才是其王道。只是讓人感嘆的是，以前的德國政府並不會在這樣的時刻不發一語。

另一位專欄作家格夏克（Christian Gottschalk）也寫了一篇評論〈臺灣以及外交的如履薄冰〉（Taiwan und die diplomatischen Eiertänze），刊登在《斯圖加特報》上，指出西方許多國家因為畏懼北京，服從其一中政策，在外交上深怕冒犯中國，例如德國不承認臺灣，在臺灣只設有在台協會，而不像英美，德國外交部也未發出賀詞。

該文標題用的一個字值得一提：Eiertanz，意思是蛋（Eier）舞（Tanz），非常具有形象的字，表達在許多雞蛋中跳舞，意思是，在複雜棘手的情況中，小心翼翼行事，深怕把事情搞砸。在雞蛋之間跳舞，可想而知，每一步都要猶豫斟酌再三，在中文情境裡與「如履薄冰」類似。

二〇二〇年三月初，新冠病毒肆虐德國時，各界討論大型集會是否應該取消，其中影響德國社會最大的正是德國職業足球聯賽。當時確診數字尚未大規模爆發，人們還懷抱一絲希望，以為能夠維持原來的公共生活，能夠與家人朋友一起去為自己喜愛的球隊加油，也因此有不少人希望足球聯賽繼續舉行。最後，足球協會還是決定停賽，因為每一場球賽幾萬人的集聚，風險實在太高。當時媒體便形容，足協身處於「蛋舞」中。

傳說這個在雞蛋間跳舞的典故，來自歌德。他曾經見到表演雜耍的少女，蒙著眼睛在四散著雞蛋的地板上跳舞，卻沒踩破任何雞蛋，十分驚嘆，在《威廉・麥斯特的學徒歲月》（*Wilhelm Meisters Lehrjahre*）中寫下這段經歷，在威廉返家時，少女米妮翁（Mignon）為他表演這令人讚嘆的舞蹈。一八八二年時甚至有一位作家根據這個典故寫了一本《米妮翁的蛋舞》（*Mignons Eiertanz*）的小說。

不過，即使因為歌德筆下而使得這個字聞名德語圈，在雞蛋間跳舞的表演或風俗，在歌德以前就存在了。《布洛克豪斯百科全書》（*Brockhaus Enzyklopädie*）便記錄「蛋舞」有兩層意義，首先是「民俗技藝表演」，其次才是小心翼翼處理棘手情況的引申義。而文藝復興時期荷蘭畫家阿爾岑（Pieter Aertsen）更於一五五二年創作過一幅名稱即叫做「蛋舞」的作品，描繪眾人飲酒歡樂之際，有人在雞蛋間跳舞助興。

年度惡字：氣候歇斯底里

Unwort des Jahres: Klimahysterie

二〇二〇年一月，德國媒體界及學界專家們組成的評審團，選出上一年的年度惡字（Unwort des Jahres）：氣候歇斯底里（Klimahysterie）。

選出這個字，是因為二〇一九年的「為氣候而罷課」、「星期五罷課救地球」運動，如星火燎原，造成全歐美青少年響應，是這一年最受矚目的社會運動，但也引來甚大的反彈聲浪。批評者認為，這些所謂的在乎環保的聲音是一種歇斯底里。

爭議必須先由一個執著的少女開始說起。

這場席捲全歐洲的青年運動，並非由德國開始，但是許許多多德國中學都呼應了這場運動，學生們自發性地離開課堂，走到街頭，因為他們不願意繼續坐在教室裡，坐看政治人物錯失拯救地球的最後時機。他們站了出來，告訴成年人，請不要毀掉我們共同的未來。「我們必須走到街頭上，因為有人偷了我們的未來。」德國的高中生在街頭舉起標語，憤怒地表達對於政治在氣候變遷問題上應變緩慢的不滿。

這場國際串聯的青年環保運動，火苗是從瑞典開始燒起。一位瑞典的高中生格列塔圖恩貝格（Greta Thunberg，她的推特上自我介紹寫著：一位患有亞斯伯格症的十六歲環保運動人士），長久以來關切環保議題，二〇一八年的暑假結束後，她決定每個禮拜五自發性地罷課，到瑞典國會前示威抗議。她持著「為氣候而罷課」（Skolstrejk för klimatet）標語，孤單一人坐在國會前，要求瑞典政府落實巴黎協議。後來一週又一週過去，越來越多青年甚至成年人站到她身邊，與她一起要求政府採取行動，二〇一八年十二月，聯合國氣候變化綱要公約會議在波蘭卡托維茲舉行，全歐洲青年們串聯抗議，把原來一位孤單的亞斯伯格症少女的訴求，推向了全世界。

在聯合國氣候變化綱要公約大會時，這位少女坐著她父親的電動車，千里迢迢去了波蘭（很早時候她便決定為了碳排放量問題不再搭乘飛機），面對媒體以及聯合國祕書長古特瑞斯（António Guterres），侃侃而談世界對下個世代的背叛。她在十二月三日向全世界進行了一次廣受注目的演講，指控：「各國的統治者過去無視我們，未來還會繼續這樣做。」

二〇一九年一月底，在瑞士達沃斯（Davos）舉行的世界經濟論壇會議中，她再次去發表了演說——這次是坐火車，從斯德哥爾摩到達沃斯來回接近七十個小時——她一句警告：「我希望你們都陷入恐慌。我們的家園著火了。我來到這裡要說的是，我們的家園著火了。」更是成為全球媒體的標題。

向來關心環保議題的德國，也加入了圖恩貝格的訴求。十二月時，德國超過兩百七十個城市的高中生一起走上街頭，捍衛成年人將偷走的未來。他們組織了一個自發性的活動「週五護未來」（Fridays for Future）即為了未來在禮拜五翹課。

對於這場自發性的氣候運動，在德文社群媒體上，有一些右派團體的敵意發言，例如認為圖恩貝格並非表面看起來那麼單純，背後有團體在操縱，包括其演講稿、組織抗議行動、接受專訪等等，都有人規劃；或者說她是被父母及不懷好意的成年人洗腦，甚至有人說她的心裡有問題，應該尋求就醫。但是這位無懼的少女並不在意這些攻擊，表示：能對這些人造成威脅是好事，表示她的警告發揮影響力了。

其中一種貼標籤的貶低方式，就是認為圖恩貝格及其支持者大驚小怪、危言聳聽、歇斯底里，但是這類的批評通常沒有很強的科學證據支持，因此評審團認為這種「氣候歇斯底里」的標籤化指稱，污名了認真改善氣候問題的人，也縮減相關辯論空間的可能性，便選為年度惡字。

二〇二〇年的一月中，就在年度惡字公布後，另一個有關對抗氣候變遷的新聞公布，也許並非有意如此安排，但是讀來就像回應「氣候歇斯底里」的污名手段：環保團體申請釋憲，認為聯邦政府對於氣候變遷問題不夠積極，違反憲法規定。

也就是說，不是我們歇斯底里，而是你們行屍走肉。

這次釋憲，是由多個環境運動組織以及個人聯合提出，他們認為，雖然聯邦政府於二〇一九年秋季迫於壓力通過了新的氣候法令，但是作為不夠積極，根本無法解決急迫的氣候問題。釋憲提出者指出，他們不要一部「敷衍」的氣候法令——這裡用的字是halbherzig，也就是只放了一半心力、並非真心誠意。代表的律師認為，氣候變遷保護也是「基本權利的保護」，例如可能會在政府放任氣候惡化下，無法再落實憲法第一條「生命與身體不受損害」之規定。國家因未能善盡保護義務，因此違憲。

寫作本書時，尚不知聯邦憲法法院最後是否會受理此釋憲申請。但不管最終結果如何，主張地球正在遭受嚴峻的氣候挑戰、人類必須盡速因應者，並非一群歇斯底里的人；我們也都親身經歷了極端氣候狀況越來越頻繁地發生，一廂情願認為圖恩貝格等人是大驚小怪，並無法解決迫切的挑戰。而該問的問題不是為何環保人士如此歇斯底里，而是：為什麼我們坐在著火的家裡，仍能這麼冷靜？

驚愕

Paukenschlag

二〇一九年對德國社會民主黨來說是慘烈的一年，在大聯合內閣中處處受制，民意支持度不斷下降，五月份的歐洲議會選舉中更是受到重挫，開票那天我見到社群媒體上很多親社民黨的友人一片哀號，因為社民黨得票率只有十五・六%，輸給基民黨及綠黨，這個擁有悠久左派傳統的黨，在這次投票率高達六成的全國選舉中，淪為第三「大」黨，可謂難堪的挫敗。媒體紛紛以「社民黨墜落到無底深淵」（SPD fällt ins Bodenlose）、「一次災難性的失敗」（eine desaströse Niederlage）等標題形容當下的社民黨。

六月二日，社民黨的主席安德雷雅・娜勒斯（Andrea Nahles）突然發表聲明，表示辭去黨主席及國會黨團主席，另也將辭去國會議員的位置，理由是，她在黨內已無足夠支持度。這個突然的聲明，一下子成為媒體焦點，政論家也爭相評論大聯合內閣是否還能維繫，社民黨的替任主席人選及未來的出路。

娜勒斯辭職後，黨主席的位置由萊茵法爾茲邦總理瑪努德萊爾（Manu Dreyer）暫代。她在接受《每日新聞》（*Tagesschau*）節目專訪時，批評社民黨內的同志在選後以極為嚴苛的語調批評娜勒斯，她認為社民黨向來是團結的政黨，不應該如此內鬥，未來必須再團結，才可能再贏得支持。而記者更進一步問，有論者認為，社民黨在別的主席領導下，不是沒有遭受挫敗過，但這次娜勒斯遭受的攻擊特別強烈，這是黨內興起的仇女心態（Frauenfeindlichkeit）嗎？德萊爾如何看待？她並未直接承認，但說社民黨是最早追求兩性平權的政黨，這樣對待黨主席的方式，確實非她樂見。

無論如何，從娜勒斯選擇在週日上午突然發布聲明，一口氣放棄所有職務，且她的說法是「無法在黨內獲得足夠支持」，可知她內心確實感受到不公平的對待。

媒體紛紛使用「Paukenschlag」一字來形容此聲明，意思是突來的一擊！例如，「週日上午在社民黨中央的震撼」（Paukenschlag am Sonntagmorgen in der SPD-Parteizentrale）、「娜勒斯在週日上午以其突來的一擊引發了政壇地震」（Andrea Nahles hat mit ihrem Paukenschlag von Sonntagmorgen ein politisches Beben ausgelöst）。

「Paukenschlag」由鼓（Pauke）以及打擊（Schlag）組成，最直接的意思就是擊鼓，另外一個意思就是震撼人心之事，字典寫著「引起注目的突發事件」（ein Aufsehen erregender Vorfall）。另外也可以理解為，出乎人意料之外的一個爆炸性消息，例如當法院宣布某個引起震撼的判決結果時，媒體常會以 Paukenschlag 稱之。

對古典音樂有興趣的人，應該也對這個字有印象，因為那正是奧地利作曲家海頓一首交響曲的名字。他於一七九一年完成的G大調第九四號交響曲，標題便叫 Paukenschlag，中文多翻譯為驚愕，這首「驚愕交響曲」（Paukenschlagsinfonie）成為他最出名的作品之一。之所以是驚愕，是因為海頓在出乎人意料的行板段落，加入了最強的鼓擊。

有傳言說，海頓這麼做，是一種惡作劇，為了喚醒在音樂會中睡著的聽眾。不過，海頓的同時代作家，也是其傳記作者格里新格（Georg August Griesinger）在其《海頓的生平紀錄》（*Biographische Notizen über Joseph Haydn*）中寫道，他曾經就這個人人都想知道的問題親自求證於海頓，獲告是想以一種新的曲風給聽眾留下深刻印象，有關惡作劇的傳言並不屬實。

如果把 Paukenschlag 翻譯為驚愕，也許在娜勒斯辭職事件中也適用。這個十九世紀即成立的政黨，在二十世紀德國歷史發展中扮演無比重要的角色，出過布蘭特（Willy Brandt）、施密特（Helmut Schmidt）等偉大政治領袖的政黨，卻在進入二十一世紀後節節敗退，甚至於二〇一九年「墜落到無底深淵」，主席因而在週日上午迅雷不及掩耳地下台，不也是驚愕嗎？

抬轎者

Steigbügelhalter

說到政壇的「驚愕」，在二〇二〇年二月初，德國發生另外一件大事，震驚了全國。

德國圖林根邦於二〇一九年年底舉行邦議會選舉後，左派黨（29席）、其他選擇黨（22席）、基民黨（21席）、社民黨（8席）、綠黨（5席）及自民黨（5席）進入議會，依照制度，必須以絕對多數投票選出邦總理（Ministerpräsident），因為沒有任何政黨擁有半數以上席次，所以勢必要有跨黨派的合作。二月五日，第一大黨左派黨的候選人哈梅洛夫（Bodo Ramelow）及第二大黨其他選擇黨支持的候選人金德法特（Christoph Kindervater，他本人是無黨籍）在議會裡競選這個職位，前兩輪沒有人能獲得絕對多數，於是進入第三輪只需要簡單多數，這時其他選擇黨出乎眾人意料地，放棄金德法特，全數投給加入第三輪選舉的、勉強通過5％門檻的小黨自民黨的候選人克摩里希（Thomas Kemmerich）。最後，加上基民黨幫助下，自民黨獲得四十五票，擊敗了現任總理哈梅洛夫的四十四票，取得組閣權。

這毫無疑問是一場政壇地震，一方面因為，自民黨僅以最低門檻進入議會，選民意志並非擬委託該黨執政，這次選舉完全無代表性；另外更糟糕的是，其他選擇黨的意識型態是極右的，雖然民意支持，且仍為憲法所允許，但是各黨均不願與之合作，因為其他選擇黨與許多極右激進勢力往來過於密切，且該黨在圖林根邦的主席賀克（Björn Höcke）更是極有爭議的人物，除了曾經呼籲德國放棄反省歷史罪責外，他所建立的側翼更是因為立場激進，被德國情報機關「憲法保護局」列為觀察對象。所以這次選舉結果，不只是圖林根的事，還受全國關切。

各家媒體紛紛報導為「圖林根的驚愕」（Paukenschlag in Thüringen），各黨政治人物稱自民黨與其他選擇黨合作是「打破禁忌」（Tabusbruch），甚至評論者稱這是「水壩潰堤」（Dammbruch）、「文明之崩裂」（Zivilisationsbruch）。社群媒體上也一面倒地譴責自民黨為了政治利益與極右政黨合作，認為政治人物在玩火（mit dem Feuer spielen），甚至包括哈梅洛夫在內，許多人轉傳當初威瑪共和國時期希特勒與興登堡（Paul von Hindenburg）握手的照片，諷刺當年興登堡靠著希特勒的支持登上總統大位，後來興登堡也提名希特勒擔任總理，從此開啟德國政治走向獨裁的不歸路。「玩火」一說，確實提醒德國人民慘痛的歷史教訓。

事件發生當晚，民眾在德國多個城市發起示威遊行，抗議黨派政治玩弄民主規則漏洞，自民黨支持者更認為一個自由主義者與法西斯主義沒有任何曖昧合作的空間，舉著標語「非我的黨！」「非我的邦總理！」因為受到太大的壓力，自民黨黨主席林德納（Christian Lindner）立刻在柏林召開記者會，表示自民黨絕對無意與其他選擇黨合作，並親赴圖林根介入地方黨團事務，要解決這件事。可以理解他的急怒，因為這件事傷害的不只是黨的形象，也傷害了他自己，畢竟他在當初梅克爾擬組成聯合內閣時，因為理念不同而退出協商，並對著全國媒體留下一句名言：「與其錯誤執政，不如不要執政。（Es ist besser, nicht zu regieren, als falsch zu regieren.）」當時的堅持，在「圖林根驚愕」中看來變得如此可笑。除了自民黨，自己未推出候選人，但也以其投票造成這場地震的基民黨，其總理梅克爾正在南非訪問，也跨海表達震怒，稱這起事件不可原諒，是「民主黑暗的一天」。

最終，在排山倒海的民意下，克摩里希不得不公開發表聲明：「我反對其他選擇黨，我反對賀克。」並於二月六日主動宣布將辭職。

這次事件的發生不能全怪自民黨，林德納說自民黨參選邦總理並沒有錯，但是完全沒想到其他選擇黨會支持該黨。他說的應該是真的，這表示其他選擇黨的策略成功，該黨雖然是第二大黨，但是賀克知道其政治色彩太有爭議，不可能獲得他黨奧援，便不推出自己的邦總理候選人，轉而在選舉中挾其政治實力玩弄民主制度，破壞代表性原則，也故意抵制向來視其他選擇黨為死敵的左派，為不願坐視左派在第三輪選舉以簡單多數勝選，不惜引發一場大地震。

此外，扮演決定性角色的還有基民黨。上年議會選舉中，原來的「紅（左派）－紅（社民黨）－綠（綠黨）」聯合執政失去絕對多數，第一大黨左派黨準備維持這個聯合內閣，而且在基民黨未推出自己的候選人下，相信會獲得基民黨的支持。選後，哈梅洛夫甚至已經開始安排內閣人選。這是因為，左派錯誤地相信，基民黨沒有別的選擇，只能與左派合作。誰知，基民黨雖不願與其他選擇黨合作，卻也拒絕支持紅紅綠聯合內閣。這個選擇造成的結果，重傷了基民黨，不只梅克爾跳腳，原來最被看好為梅克爾接班人的現任黨主席克蘭普－卡倫鮑爾（Annegret Kramp-Karrenbauer），也因被質疑其領導力及判斷力，在二月十日突然宣布辭去基民黨黨主席職務，未來也不參與聯邦總理競選，媒體標題寫著：「她丟出了手帕！」（Sie wirft das Handtuch!）「丟出手帕」（Das Handtuch werfen）是借用自拳擊運動的片語，當教練對場內丟出手帕時，就是選手認輸放棄時。克蘭普－卡倫鮑爾丟出的手帕，又是另一次「驚愕」。

在相關的新聞中，我注意到對基民黨角色的討論中出現值得注意的德語詞，記者問，基民黨在這次事件中，究竟是「弒君者」（Königsmörder）？或者是「抬轎者」（Steigbügelhalter）？

「Steigbügelhalter」是一個很形象的字，Steigbügel 就是騎馬者要跨上馬鞍時的踏腳馬鐙，只是馬鐙並非固定物，一般人上馬時不容易踩踏，通常有幫手協助握住馬鐙，這個人就叫做馬鐙的「握持者」（Halter）。這個字通用於德語區，比喻協助他人取得上位。在臺灣，應會稱這是為他人搭設舞台、為他人抬轎。

使用這個字來形容這次事件，其實也有另一種意義。德國歷史上最惡名昭彰的抬轎者就是興登堡，他雖然貴為總統，可是在他做過的事情裡，人們只記得給予希特勒奪權的機會，斷送了短命的共和國。因此他的名字一直與「希特勒的抬轎者」（Hitlers Steigbügelhalter）連在一起。德國一些城市曾以他名字命名的街道，這些年來也在討論是否應該改名，就是為了這難堪的抬轎形象。因此，記者使用這個字，多少也讓讀者聯想起，威瑪時期政治人物因判斷錯誤而讓激進小黨有機會崛起的往事。在一張街頭抗議的照片裡，可以看到民眾舉著海報寫著「自民黨與基民黨：法西斯主義的抬轎者（FDP und CDU: Steigbügelhalter des Faschismus）」，正是有提醒這段歷史的用意。

牙買加破局

Jamaika-Aus

二〇一七年，德國的年度代表字是「牙買加破局」（Jamaika-Aus）。

那年九月二十四日德國國會大選，開票之後，「牙買加」一直占據了媒體政治版討論中心。牙買加的國旗是黑、黃、綠色，新聞界與政界用這個詞表示基民黨／基社黨（CDU／CSU，代表色黑色）、自民黨（FDP，代表色黃色）、綠黨（Die Grünen，代表色當然是綠色）的聯合內閣。

當時因為挑戰梅克爾失敗的社民黨（SPD）主席舒爾茲表示不會參與執政，所以牙買加聯盟看來最有可能，也能將一些比較不被其他政黨接受的小黨（例如其他選擇黨以及左派黨）排除在執政陣營外，是最能穩定政局的選項。

可是這個選項，在自民黨宣布退出組閣協商後破局。自民黨主席林德納（Christian Lindner）認為與談判各方存在無法跨越的差異，表示：「與其錯誤執政，不如不要執政（Es ist besser, nicht zu regieren, als falsch zu regieren，依我看此句也有成為年度金句的潛力）。」其他各黨大怒，認為自民黨將一黨利益置於國家利益之前。

而「牙買加破局」自此成為媒體熱議字。十二月八日，德語協會（Gesellschaft für deutsche Sprache）正式選擇此字為年度代表字（Wort des Jahres）。

牙買加國旗也許是德國人最熟悉的外國國旗顏色了，每次大選後，就會有「牙買加聯盟」的討論。而早在二〇〇五年時，德語協會的年度字候選名單中，也有「牙買加聯盟」（Jamaika-Koalition）。協會主席暨漢諾威大學德文系教授許洛賓斯基（Peter Schlobinski），解釋二〇一七年「牙買加破局」獲選原因：凸顯了該年的特色，有極重要的政治意義；且「這是個有意思的造字」。

這是德語協會選舉年度字的第四十一年，其選擇標準並非最流行的字，而是最能表示該年度特色的字。二〇一五年難民問題為德國帶來絕大挑戰，「難民」（Flüchtlinge）即是該年年度字；二〇一六年，因為川普特別的競選手法，以及社群網路的發展，「後事實」（postfaktisch）人人朗朗上口，連梅克爾都在國會中說我們身處後事實時代，「後事實」確實能表現去年的時代精神。

可是，其實年度字往往不在表達當年度的特色而已，還有一個很重要的功能：激發社會對高度爭議卻又重要無比事件的討論，強化該議題的能見度，這應該是使用並倡議德語的專家們應有的自覺：文字，從來不只是描述而已，還應該是誘發、介入及回應，雖然文字本身並不需要採取任何立場。

因此那一年選出的「牙買加破局」讓我略感失望，當然這是個重要的討論議題，可是我們真的要在年度結束時，讓記憶圍繞在這些政黨之間的歧見嗎？看看第二到第十名未能被選上的榜上有名的字，都值得我們再探究：

2. Ehe für alle：「婚姻平權」，經過多年討論後，德國終於貫徹了婚姻平權。

3. #MeToo：「我也是」，表達性騷擾、性侵害受害者的聲音。

4. covfefe：川普在推特上寫了 Despite the constant negative press covfefe 這段不可解的文字，引來美國及德國媒體熱議究竟什麼是 covfefe。

5. Echokammer：「迴聲室效應」，指在當代媒體上意見相近的聲音不斷迴響並被放大，今處於如同迴聲室封閉環境中的人認為迴聲即事實。

6. Obergrenze：「上限」，討論德國是否應為收容難民人數設定上限，這是基社黨相當堅持的立場。

7. Diesel-Gipfel：「柴油高峰會」。為解決柴油車污染問題，梅克爾召集各邦與鄉鎮市代表商議。

8. Videobeweis：「錄影證據」。德國職業足球開始以檢視錄影方式輔助判決。

9. Denkmal der Schande：「恥辱紀念碑」，語出「其他選擇黨」的圖林根邦議員賀克（Björn Höcke），他於二〇一七年年初時在造勢大會上表示，柏林的猶太人死難紀念碑還是德國人的恥辱之紀念碑。

10. hyggelig：來自丹麥，用以表示一種北歐式的生活情調與愉悅感。

這些字詞，很多都比「牙買加破局」這種對政治現象的技術描述詞彙更有意思。難道德國開始實施婚姻平權，不是一件更值得討論的事情嗎？#MeToo讓性騷擾受害者的聲音穿透了權力結構被聽見，讓我們正視性騷擾的無所不在，難道不更應該被歷史以這個字記住這一年？迴聲室效應、恥辱紀念碑等等，也都是值得社會更深入討論的概念。

《南德日報》文化版編輯希德布蘭特（Kathleen Hildebrand）即撰文評論，認為德語協會選擇「牙買加破局」是一種膽怯與妥協。確實。

倘若我是陪審團，我會投給婚姻平權或恥辱紀念碑，這是我對二〇一七年的德國最深刻的記憶。

尊敬退休金

Respektrente

二〇一九年年底，德語協會第四十三度選出年度代表字，評審團投給了「尊敬退休金」（Respektrente）。

這個字的由來從字面上就知道與退休金（Rente）有關。德國退休金制度極為複雜，這裡無法細論，僅提供幾個關鍵的概念供參考。首先是「世代契約」（Generationenvertrag）或「世代正義」（Generationengerechtigkeit）。所謂世代契約是指勞動者藉由其勞動收入為退休者支付退休金，而未來的世代也將在他們退休時，承接繳納退休金帳戶（Rentenkasse）的任務。這並不是一個具體的契約，而是一個世代正義的概念。

不過，以德國現有的退休金制度，許多薪水較低的勞動者，在工作幾十年之後能獲得的退休保障很低，而且隨著人口結構變化、失業者增加、低工資者增加，另外之前也有提前退休情況（Frühverrentung），以致德國退休金帳戶也越來越不足。所以這幾年來媒體報導了越來越多的「老年貧窮」（Altersarmut）現象，例如刊登老人撿拾空瓶換錢的淒涼景象。因為很多人即使長年工作，為國家退休金帳戶做出貢獻，晚年還是不得不想辦法尋求額外收入以貼補自己的退休金。

因此，德國國會於二〇一九年針對退休金改革進行了激烈的辯論。社民黨的勞動暨社會部長海爾（Hubertus Heil）表示：「一生做出貢獻的人，值得尊敬。」他認為保障退休者是德國「作為社會國的核心承諾」（Kernversprechen des Sozialstaats），能否信守此承諾，是攸關正義的問題。他主張引入「基本退休金」（Grundrente），並說，這也是一種「尊敬退休金」（Respektrente），或者「正義退休金」（Gerechtigkeitsrente）。

社民黨的文宣上印製著標語：「自尊敬而生：基本退休金」（Aus Respekt: Die Grundrente）。不過，基本退休金其實是執政的大聯盟內閣共識，也被寫入了當初組成聯合內閣時的組閣合約（Koalitionsvertrag）中，只是究竟基本退休金的額度多少？如何運作？各黨各有己見。最後，國會於二〇二〇年二月十九日接受了海爾的說法，通過了基本退休金的法案。

這部被簡稱為《基本退休金法》（*Grundrentengesetz*）的修法，將設立基本退休金制度，繳納退休金帳戶達三十五年者，得享保障，不會有退休金過低的問題。而育嬰以及照護親屬的年資也將被納入。此新制將自二〇二一年一月開始實施，預計第一年投入十三億歐元，影響大約一百三十萬位的退休者，但現有勞動者提撥退休金比例不會提高，以免增加負擔。舉例來說，如果一位女性理髮師工作了四十年，其月薪只有平均薪資半數不到，那麼依照舊制，她依薪資固定比例繳納四十年退休金帳戶，退休後能領的月退只有五百二十八歐元，但是按照改革後新制，她能領取每月九百三十三歐元。

當年度的年度代表字候選字，其實有其他強敵，例如其中一個候選字「週五護未來」（Fridays for Future）便占據了二〇一九年全年媒體版面，帶動德國學生跟進，影響社會甚鉅。不過幸好並未投給這個並非德語的風行概念，否則德語協會角色尷尬。德語協會的評審之一，語言學家貝爾（Jochen A. Bär）表示，「尊敬退休金」展現了德語連結不同字彙創造出新的詞彙的無限可能；而尊敬（Respekt）這個字，來自拉丁語的 respicere，直接的意思是環視、顧及身後、往後看、再看一次的意思。尊敬，就是看著他人、正視他人，藉由對他人的肯定，而肯定了自己。尊敬他人者，自身也成為可敬者。

也因此，尊敬一字蘊含的正面意義，讓這個德語新造字所要表達的新退休金制度，帶著正面意象。

貝爾的說法點出了一個尊敬的重要層次：敬人，使自己成為一個可敬者。德語的 Respekt 是尊敬，是對某人某物的價值之承認，甚至帶著一種服從感及敬嘆（Bewunderung），對於人的尊嚴，對於道德法則，對於絕對的價值，我們必須服從。只有如此，也才使你是個完整的人。也因此 Respekt 甚至帶著神學意涵，圖書館員安索格（Anja Ansorg）的《信仰之辭彙》（*ABC des Glaubens*）一書中，便細論 Respekt 一字及其在《聖經》中的脈絡，說這個產生自拉丁文、德國自十六世紀起從法語區引入的概念，意思是「對於一個人類的影響力、能力、使命與責任，能夠認知、承認與肯定；但也是接受及認知世人（Mitmenschen）的界限、弱點與局限；另外也是，我有意願也有能力，反省我與世人的行為，因而也是對於我的過去以及世人的過去，以有尊嚴方式的省思。」一個「尊敬」，居然帶著如此複雜深層的思考，放在「尊敬退休金」這個脈絡下，更能理解為什麼這個詞彙能喚起德語社會對於老年貧窮者的責任感。

說起敬人者人亦敬之的「尊敬」，有個小故事可以分享。閱讀關於戰後追訴納粹戰犯的法蘭克福檢察署檢察總長的傳記《大審判家弗里茲・鮑爾：看檢察總長如何翻轉德國的歷史》（*Fritz Bauer. Oder Auschwitz vor Gericht*，中譯本由臺灣商務印書館出版），有個小故事可以看出他是什麼樣的司法人。他認為犯罪不能只是歸罪罪犯，背後有更深層的問題，例如社會不平等、挫敗與紛亂，尤其是青少年，所以法官對青少年犯的態度應該是，「不是去處理年輕人所製造出的麻煩，而是去觀察和解決他們所面臨的困難。」他年輕時在斯圖加特擔任青少年法庭的法官，某日審理了一個青少年犯罪案件，那個青少年在法庭上自暴自棄說：「反正再也沒有任何一個體面的人願意和我交往。」

鮑爾問他：「你認為我是個體面的人嗎？」

「是的。」

於是鮑爾便約了他一起喝咖啡，並帶他到全斯圖加特最好的咖啡廳去。

這個故事讓我印象深刻，因為這位法官以一杯咖啡定義了尊敬。他展現了人應當如何對待世人，接受了人都有弱點與局限，人都會在某個時候陷入困境，但都不影響人值得他人尊敬。鮑爾對人之價值展現敬意（即使是位沒有人願意與之往來的青少年），也因而證明自己是個值得尊敬的人。

磕頭
Kotau

汽車商戴姆勒一定怎麼也沒想到，Instagram 上的一張簡單的海灘上賓士車圖片，配上一句其實再單純不過的話，會造成其企業於二〇一八年最大的公關危機。

那句話是：「從各個角度看問題，視野會更開闊。」為什麼引用達賴喇嘛的一句顯然與政治無關的話語，卻必須被懷疑支持分離主義，而必須一而再、再而三道歉，聲明絕無任何破壞中國領土主權，也無傷害中國人民情感的意願？

幾乎所有德國媒體都無法理解中共為了一句人生哲理發出的大動作，《南德日報》便不可置信地打上了幾個大大問號：「主權？領土完整？破壞？來提醒一下大家：這件事的引爆點是一個諾貝爾和平獎得主的話被引用了，刊登的社群媒體且是在中國被審查而封鎖的，而這句話只是配合一輛停在沙灘上的白色賓士車，簡單宣傳著：從各個角度看問題，視野會更開闊。」

有些媒體則可以理解戴姆勒集團總裁在經濟利益考量下，如此卑躬屈膝地多次道歉，但幾乎所有媒體都無法認同，把這件事視為注重思想與言論自由的西方對中共的一次屈服。

德國重要報紙《法蘭克福廣訊報》於二〇一八年二月七日的頭版，刊登了極為醒目的照片，名為「哲言智慧」（Spruchweisheit），圖中是兩個清朝服飾、綁著辮子的人，一位向另一位磕頭。圖說就問，如何理解中國的「磕頭」這件事？

在德文中有些詞彙來自中文，除了很常見的風水（Fengshui）、功夫（Kungfu）、氣功（Qigong）、道（Tao）、點心（Dimsun）等字彙，還有一些當年東西文化交會時，讓西方人驚訝難忘的政治、社會現象，在西方字彙中找不到相應的概念，只能挪用中文，例如 Kuli 這個字，就是中文的「苦力」。

而「磕頭」（德文 Kotau，英文 kowtow）這種五體投地的卑屈動作，更是超乎西方人想像之外的中國文化特徵。二〇一四年時梅克爾訪問中國大陸，針對二〇一二年英國首相卡麥隆接達賴喇嘛後兩國關係走向冷凍，之後不得不在經濟利益下聲明尊重中國領土完整、不支持西藏獨立，同樣也因接見達賴喇嘛被中共嚴詞批評的梅克爾對記者表示，她不會在壓力下屈服，隨團出訪媒體便報導：「總理無意磕頭」（Die Kanzlerin will keinen Kotau machen）。

此外，二〇一七年習近平訪問瑞士時，瑞士警方逮捕親西藏團體抗議者、阻止示威遊行，這在重視集會遊行自由與示威權利的瑞士引起媒體熱議，磕頭也成為熱門新聞字彙。

不過磕頭這個字在德文生根已久，也不只是在中國脈絡下才被使用，例如德國在野黨就批評過梅克爾內閣對土耳其的態度是一種磕頭。因此「磕頭」是德國媒體偶爾在描述本國與外國的來往時之卑屈態度會出現的字彙。

而戴姆勒的達賴喇嘛事件，則使磕頭這個字又回到了中國脈絡下，並成為那一陣子滿常見到的新聞字眼。《新蘇黎世報》（*Neue Zürcher Zeitung*）的標題寫著「外國企業對北京磕頭」（Ausländische Firmen machen Kotau vor Peking），報導誤觸主權問題而「傷害中國人民感情」的一些企業；《德國之聲》（*Deutsche Welle*）更寫著：「要引用達賴喇嘛的話語，得先能磕頭」（Wer den Dalai Lama zitiert, muss schon den Kotau beherrschen）。

德語維基辭典解釋 Kotau 時，列上了同義字為下跪（Kniefall），雖然在德文中兩者用法類似——媒體上偶爾也常有對經濟利益下跪（Kniefall vor Wirtschaftsinteressen）的用法——但我們都知道下跪與磕頭是不同的概念，除了程度不同，功能也不同。

磕頭是完全降服、絕不反抗的奴才姿態，下跪則是表達懺悔時（例如西德總理布蘭特在波蘭為德國納粹罪行下跪）、表達尊卑與服從時（例如西方傳統面對皇室的禮節、例如求婚時）的姿態。

當年英國派遣麥卡尼（George Macartney）使華，擬打開中國的大門，說服清朝提供英國通商口岸。他失敗了，而此行中他最為人所知的事蹟是拒絕向乾隆磕頭，只願意屈膝下跪。也許即便他磕了頭也打不開中國的大門。幾百年後，西方媒體看到一位進了大門的人，願意磕頭，不惜一切只為了留在門內。

語言比血更多

Sprache ist mehr als Blut

介紹一位知名的語言學家。說到對納粹所使用語言的研究，大概不會有誰錯過這個名字：維克多．克雷姆培勒（Victor Klemperer），他是猶太人，但是很早就改信新教，曾經在一戰時志願從軍，戰爭結束後至德勒斯登科技大學擔任羅曼語系研究（Romanistik）教授，在威瑪共和時代出版非常多法語語言學領域著作。納粹上台後猶太人被迫害，但一開始的兩年，因為其曾經從軍身份，暫時得以保留教職，可是一九三五年時因為新的種族法令被強迫提前退休。

他退休後並未停止研究及寫作。因為他的妻子伊娃是納粹時代血統正確的「亞利安女人」，他成為被容忍的猶太人，未被解送到集中營，但是他無法使用任何公共研究機構或圖書館的資源，只能以日記及筆記的方式，紀錄他對那個時代的觀察。最後，在戰爭結束後兩年，他出版了《第三帝國語言：一個語言學者的筆記》（*LTI–Notizbuch eines Philologen*），立刻成為暢銷的經典之作。

LTI是他刻意選擇的拉丁語縮寫，全文是 Lingua Tertii Imperii。之所以使用拉丁語，不是因為他有尚古癖，而是為了躲避納粹秘密警察可能的檢查。他觀察當時報章雜誌上的用詞、希特勒以及其他納粹高官的講詞、街道上的日常生活德語的轉化，思考納粹如何透過轉化日常語言來政治動員以及貫徹全國世界觀及意識形態一致，人民又如何接受新的語言模式，也接受新的政治理念。

他說，之所以要寫這樣一本書，並非學術興趣，而是身處那個時代的「緊急防衛」（Notwehr）。也就是說，他作為一個語言學家拾起了自己最擅長的武器，紀錄、分析、批判法西斯的語言，穿透那背後的宣傳邏輯，他所交戰的戰場是語言。但另一方面，該書不只是他對抗納粹的嘗試，也是一次絕望中找尋希望的「求救呼聲」（SOS-Ruf）。

該書一翻開就是他將這本書獻給他的妻子的獻詞。妻子為了與他這個猶太人在一起，吃了非常多苦，遭受極多羞辱。在前言（也是一篇動人的情書）裏，克雷姆培勒寫道：伊娃，當我對我的聽眾們說起「英雄」（Heroismus）時，我想到的人就是妳。

這句話，是回應書裏長篇分析納粹如何喜愛使用「英雄」的政治詞彙。他觀察到希特勒非常喜歡用與「英雄」相關的詞彙鼓舞聽眾，而當德軍打敗戰時，戰情報告或媒體也以避諱的方式形容這是「英雄般的」（heldenhaft）軍隊。可是，納粹那麼相信自己是踏在出征道路上的英雄，對克雷姆培勒來說，真正的英雄是為了家人挺身而出的自己的妻子。

其他我印象比較深的內容，包括他注意到語言被用來作為識別敵我的工具。例如對納粹來說，德語不再是猶太人應該使用的語言，雖然，絕大多數猶太人都以德語為母語且以德語寫作。當時納粹要猶太人以希伯來語寫作，認為如果用德語寫作，其中必然帶有猶太人的世界觀，有可能對德國人造成不良影響。而所有那些以德語寫作的猶太作家作品，也被標識為譯作。最後，那些「譯作」被燒毀，因為被判定有害德意志精神。

無所不在的「人民」（Volk）詞彙，也讓克雷姆培勒極為在意，例如人民共同體（Volksgemeinschaft，或者翻譯為民族共同體）；此外，納粹也好用機械語言，例如「同步化」（Gleichschaltung），原來是科技、機械的概念，用在德國當時的政治狀況裏，就是個人或團體與國家機器接軌，在意識形態上同步。這其實是否認了人的個體性及具體生命，而以機械化的概念將每一個個人佈置為國家機器的零件。

肢體語言的變化也很明顯，例如原來大學裡同事們以點頭打招呼，都改為舉起右手的「希特勒問候」（Hitlergruß），在大學校長就職時，也充滿濃濃的政治意味，這個學術場合裏校長舉起右手呼喊「勝利！」（Sieg!），眾人應和「萬歲！」（Heil!）。

正是因為這些語言具有政治力量，在《第三帝國語言》開始處，他便引用哲學家羅森楚維格（Franz Rosenzweig）的話：「語言比血更多（Sprache ist mehr als Blut）。」這意思是，從語言使用中洩漏出的事情，比蘊藏在身體裏的、天生的特質，更能說出你的想法，語言比血更能說出真實；或者，也可以換一個角度這麼理解：能夠動員、連結人們的關鍵因素，血緣的凝聚，還比不上語言的力量。

這是一本極為精彩的書，每一頁都有許多值得探討的觀察，都讓人反復深思。我仍記得當年讀這本書，是在法蘭克福大學德意志語圖書館，一本極為精彩的書，專心讀到我沒聽見閉館廣播，差點在那裡過夜。

在《第三帝國語言》出版後，德國的轉型正義工程進入另一個領域，納粹時候使用的語言，必須被檢視，被去納粹化。克雷姆培勒過世後，其戰時完整日記在九〇年代出版，更讓學界及媒體更加深入探討語言轉變與政治意識形態的關連，當時學界還稱出現了克雷姆培勒風潮（Klemperer-Boom）。而這本《第三帝國語言》也再次暢銷。後來這本再版多次的暢銷書，甚至拍成德法雙語紀錄電影《語言不會說謊》（*La langue ne ment pas / Die Sprache lügt nicht*）。

「語言不會說謊」，是一個絕好的標題，道出了克雷姆培勒的核心概念，也呼應「語言比血更多」的句子。不過，如果按照克雷姆培勒引用拉丁語的習慣，也許可以改寫羅馬時代諺語「酒中有真理」（In vino veritas），《第三帝國語言》的紀錄片名也可以是：「語言中有真理（In lingua veritas）。」

對手

Gegner

讀衣索比亞的皇子阿瑟拉特（Asfa-Wossen Asserate）的一篇文章，談他當年來德國的回憶，有點感觸。

這位皇子於一九六八年來到德國讀書。之所以會來德國就讀，是因為從小在其父皇刻意栽培下，他讀的是當地的德國學校，德文嫻熟，高中畢業時考的也是德國式的高中會考，因此，一九六八年他首次來到德國，語言已經沒有問題，直接進入杜賓根大學就讀，雖然當時他對德國的認識都還停留在書本上——因此當他初抵法蘭克福時，非常失望，問計程車司機，真正的德國在哪裡呢？

他寫道，在他讀書時學到的一個最重要的字彙是 Gegner，這是在他的家鄉所沒有的概念。所謂 Gegner 指的是反對者，是對手，是與你立場不同、互有競爭甚至爭執的人。他說，在衣索比亞，我們只有朋友與敵人（Freund und Feind）之差異，要嘛是盟友，要嘛是死敵，沒有中間的可能性。在德國，他真正學習到了，如何在日間即使各有意見彼此爭吵，而在夜間仍可一起去酒吧喝酒，取得彼此諒解。

幾年後，他的家鄉發生革命，衣索比亞的皇制被推翻，他的父皇入獄，且直到他過世不曾再見天日。他也成為流亡皇儲，在德國申請庇護，從此留下來，現在擔任一些企業顧問，協助拓展非洲市場。看到自己父皇的命運，他一定很有感觸，因他的祖國並無如同歐洲存在著成熟民主政治中的對手，而只有死敵。

可是我不由得想，他的父皇在位四十多年，主導了整個國家幾代的發展，卻始終維持君主獨裁。不是朋友、只有死敵這件事，該怪誰呢？

「對手」的相反詞是「支持者」（Anhänger）。Anhänger 的動詞是 anhängen，意指連結，所以支持某人，其實就是將自己連結於某人。一般在德語裡說到 Anhänger，還有車子後面拖的連結車的意思，也因此講到德語的支持者一詞，也可以很形象地理解為：不管某人去哪裡，支持者都會跟著去那裡，如同連結車亦步亦趨地跟著車頭。

與對手相關的敵友概念，在德國政治思想中也有一句名言：政治是敵友之分。這句話來自法學家卡爾・施密特（Carl Schmitt）於一九二七年出版的《政治的概念》（*Der Begriff des Politischen*），他說：「產生政治行動與動機的特定區分，是敵人與朋友之分（die Unterscheidung von Freund und Feind）。」這句話使得他被歸類為馬基維利主義者，因為在這樣的思考下，政治與道德無關，唯一的價值是尋找朋友，並定義誰是敵人。

但我覺得施密特的思想被人以錯誤的方式攻擊，他並非反道德論者，而是非道德論者，也就是，在政治的場域裡，把道德因素放進來並無分析之益處。他寫道：「敵人只是公共意義上的敵人（Feind ist nur der öffentliche Feind）。」也就是說，這樣在公共領域裡的敵人，我並不必然與之在私人關係裡為敵。私人之敵與政治之敵應分別檢視，因此施密特說要在這個意義上理解《聖經》經文「要愛你們的敵人」（Liebet eure Feinde）。一個可敬的敵人，與一個可敬的朋友，也許都一樣值得愛。

因為寫作《美茵河畔思索德國：從法蘭克福看見德意志的文明與哀愁》，我讀了二戰時被迫流亡紐約的德國猶太裔社會學者妮娜‧魯賓斯坦（Nina Rubinstein）的博士論文。當年她已經寫完博士論文，但卻被法蘭克福大學退學，不給予口試機會。雖然其餘生都在美國度過，但是其心中還是深受德國文化影響，小她二十歲的同父異母、在美國的妹妹，在那本魯賓斯坦身後才出版的論文前言裡說，姐姐多年來始終無法理解美國人能如此輕易地說 my friends。魯賓斯坦認為所謂的朋友（Freundin），具有絕對的獨特性，不可取代，而其他的都只是「認識的人」（Bekannte）。她的妹妹幾乎不會德文，不能理解此中差異。

我使用德語多年，一直對這個差異非常敏感，覺得不能輕易稱誰是我的朋友或我是誰的朋友，深怕自己一廂情願，以為自己是朋友，但其實只是認識的人。（這個習慣好像也影響到我使用中文，近年來很少說我與誰是朋友，多說我們認識）。不過，年輕一點的德國人似乎已經不再堅持這種差別。正如上個世代對「您」（Sie）這個稱謂的堅持，這個世代較能跨過這個門檻，而更接受以「你」（Du）互稱。

每個人都是朋友，與每個人都不是朋友，其間差別也許不大了。我不能不想到德希達在《友誼政治學》的呼喊：「喔，我的朋友，不存在朋友了（O, my friends, there is no friend）。」

輯四

語言與歷史

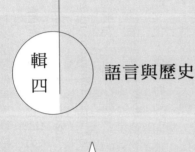

可以進入沙龍的

salonfähig

「salonfähig」這個字十分傳神，Salon 是沙龍，fähig 是有能力的，直接翻譯就是夠資格進入沙龍的。此外，根據《杜登》字典，fähig 這個字來自十五世紀時的中高地德語 gevæhic，後演變為 fähig，其字義與 fangen 相關，原義為有能力去接受（imstande, etwas zu empfangen oder aufzunehmen）。所以 salonfähig 或許也可以理解為，可被沙龍接受的。

沙龍從法文 salon 傳來，十七世紀初，巴黎文人貴族形成了沙龍文化，後來傳到歐洲其他國家，十八世紀時在德語區成為通用字，意思是「大廳」，在德文裡就用以指稱會客室，一種具有社交功能的大廳。其實也就是現代人家裡客廳的功能。奧地利裔學者，也是大屠殺倖存者露絲・克綠格（Ruth Klüger），在她的暢銷回憶錄《繼續活下去：一段年輕歲月》（*weiter leben. Eine Jugend*）第一頁，就描述她八歲時在客廳聽著外面的納粹軍官穿越巷子的聲音，描寫她在客廳（Wohnzimmer）假寐，「但其實我們都稱之為沙龍」。

歷史學家黑爾嘉・佩涵（Helga Peham）寫了一本非常有趣的書《維也納的沙龍主人們與沙龍：一種特別制度的兩百年史》（*Die Salonièren und die Salons in Wien: 200 Jahre Geschichte einer besonderen Institution*），介紹十七世紀起從巴黎傳來的沙龍文化，如何改變了維也納的社交與精神生活。沙龍提供了女人、詩人、藝術家等討論的空間，在此，各種新的想法、思潮、理論被提出、試驗、辯論，也在這裡演奏各種新寫的樂章。沙龍的興起，提供了啟蒙思想的舞台、教育的機會，甚至促成了維也納華麗的環城大道發展。

從這樣的描述看來，可知沙龍不只是親朋好友交流之處，文人雅士也在這裡談文論哲或議論時事。沙龍成為一個小型的社會，一種幾百年前由知識份子與貴族富商建立的「制度」，也是一種具有公共性質的言論空間。哲學家漢娜・鄂蘭寫過一本書《拉荷爾・范哈根：浪漫主義時代一位德意志猶太女性的生命史》（*Rahel Varnhagen: Lebensgeschichte einer deutschen Jüdin aus der Romantik*），便描述范哈根這位十九世紀柏林的「沙龍女主人」（Salonnière），如何在這樣既私人又公共的空間裡，致力於歐洲啟蒙、猶太人與女性之解放。

正是在這個意義上，哲學家哈伯瑪斯在他的經典《公共領域的結構轉型》（*Strukturwandel der Öffentlichkeit*）中，便強調沙龍在歐洲公共領域中的重要性。他認為英國的咖啡廳及法國的沙龍，都在歐洲市民社會形成與公共領域轉型中起了重要的作用。只是前者由男性擔任主角，女性較少出現在英國咖啡廳中；後者卻是幾乎都由女性擔任沙龍主人，但兩者都提供了公共意見形成的舞台。

而有能力進入沙龍，意思是可以成為眾人討論的東西，也就是被社會所接受的事物。甚至，不只被接受，還有一定的良好形象。

德國十九世紀時候的經濟學者羅德貝圖斯（Karl Rodbertus），曾經於十九世紀上半葉擔任普魯士的公務員，後參與一八四八年的民主革命，在那場失敗的革命之後，他被迫流亡。他是極早對資本主義體系提出批判者，與馬克思的關懷相似，但理論與政治路線不同，他因為拒絕體系的全盤革命，主張體制內改革，被認為提倡一種「由上而下的社會民主」（Sozialdemokratie von oben），也因而被馬克思抨擊為保守者，但無論如何，他還是一個社會主義者。一八七四年，在一封寫給友人的信中，他表達了自己的自豪，並盼能代表剛成立沒幾年的社會民主黨競選：

「我在一八四八年讓民主廣被接受（die Demokratie salonfähig zu machen），也許現在我也能為社會主義做出同樣貢獻。」

由此可見，salonfähig 這個概念在十九世紀已經非常能「進入沙龍而被接受」了。直到今日，這都還是風行的用法。例如，二〇一九年發生哈勒的極右派槍殺猶太人事件，加上陸續發生的迫害與歧視在新聞上時有所聞，猶太人學生會於二〇二〇年舉辦研討會，學生代表之一接受《今日新聞》（*heute Journal*）訪問時便說，他們想要探討，集中營被解放七十五年了，為什麼這麼具有記憶文化（Erinnerungskultur）的國家，理論上應能汲取歷史警訊，反猶主義卻「越來越能為沙龍所接受」（salonfähiger）。

《新蘇黎世報》報導，因為物資過度生產、食物無法在限期內被消費，使得大量食材被丟棄，當代人生活在「丟棄社會」（Wegwerfgesellschaft）中。近年興起「反浪費食物運動」，更小心處理過剩食材，並呼籲公眾正視此一問題。記者寫道：「放到盤子裡而不是丟到垃圾桶：對抗浪費食物，已經是社會共識（Der Kampf gegen Food-Waste ist salonfähig geworden.）。」報紙也用了 salonfähig 這個字，來表達一件被社會所正面評價的共識。

另外，我也讀過媒體上出現這樣的句子：「經濟奇蹟讓德國在歐洲再次被接受。」（Das Wirtschaftswunder hat Deutschland in Europa wieder salonfähig gemacht.）這意思是，戰後殘敗的德國全力發展經濟，歷經二十年奇蹟般快速成長，使得德國證明自己是西方自由經濟一員；也因為良好的經濟表現，連帶使得德國國家穩定，民主化順利完成。歐洲其他國家終於對這個繼承了法西斯國家的西德放下疑慮，認可其地位，換句話說，接納了德國進入歐洲的沙龍。

而德國建立七十年後，成為歐洲最強的國家，無論政治、經濟、國際安全議題上，德國均是歐洲的領導者，德國人也擔任歐洲議會議長及歐盟執委會主席。已無人會再懷疑德國是否會走回軍國主義老路，德國不只有能力進入歐洲沙龍，還成為這個沙龍的主人。

瓦魯斯，把軍團還給我！

Quintili Vare, legiones redde!

在法蘭克福郊區陶努斯山上，有一處少為人所知的聯合國世界文化遺產：羅馬要塞遺址（Römerkastell）。這個遺址在薩爾堡（Saalburg）這小鎮的森林中，我造訪多次，幾乎未見外國旅客。但是，所有對德國史、歐洲史、政治史感興趣的人，都應該來看看。

今日德國人很自然而然地接受自己的國家身分，但「德國」這個國家概念，或者「日爾曼」這個民族概念，從來就不是那麼自然而然，甚至還可能是歐洲各國中最有爭議的。

在羅馬帝國的凱撒時候，想將版圖擴張到中東歐及北歐條頓族的地區，當時他只是將軍，率軍在西元前五八到五二年間發動了高盧戰爭，征服了高盧部族，並乘機進軍到不列顛及日爾曼尼亞（Germania）地區，將帝國版圖拓展到萊茵河西邊。

「日爾曼」（German）這個字，原來是高盧人稱一切野蠻民族的詞彙，凱撒的《高盧戰記》用了這個字，以描述萊茵河東岸的那些野蠻部族；而當時構成帝國邊界的萊茵河與多瑙河彼岸地區，即這些「未開化」的、未接受帝國文明的部族居住地，就被稱為「日爾曼尼亞」。而這些「日爾曼人」是否真的在族裔血緣、語言構成上屬於同一個民族？學界一直爭論不休。

所謂的「德意志語」，指的也是西日爾曼部族中所使用的語言之一而已。如果以我們今日對於民族國家的定義或想像來看德國，可以說，這個國家的建立方式與其他民族國家相去甚遠。這個日爾曼尼亞地區，是萊茵河與多瑙河彼岸的各野蠻部族，說著各種非拉丁語，日爾曼各部族之間甚至不一定能夠溝通。因此，早在羅馬人的記載裡，就將這個地區以複數型態記錄：「diutschiu lant」（說德意志語的地方），這個用法到了很後來（大約是十五世紀時）才成為「Deutschland」（德意志之土地），今天德文中稱為「德語區」（deutscher Sprachraum），其實正彰顯了這個日爾曼族地區的語言不同一性。

這種不同一，也導致了日爾曼各部族間，缺乏一個現代國家概念。當後來法國早成為現代共和國，並攻打到柏林時，驍勇的日爾曼人戰敗，當時的作家勞克哈德（Friedrich Christian Laukhard）就認為，日爾曼人只知有部落不知有國家，因而缺乏為國盡忠、獻身保衛國家的共同體感，面對能夠效忠國家的拿破崙大軍，自然毫無勝算。

因此，所謂的「德國」、「德意志」、「日爾曼」這些概念，從來不是自然而然的，甚至可以說都起源於標示出不同於「羅馬」的同一性，也就是說，日爾曼一開始被認為是「非羅馬」，後來在與羅馬認同的拉鋸對抗中，才漸漸出現同質性。於是後來日爾曼各族要能建立一個共同國家，其實必須訴諸某些建國神話，或者標舉某些建國之父、書寫某個建國事件，以在民族的不同一性中尋找共同性，進而打造一個現代意義的國族。而對於日爾曼人來說，這個事件，就是「條頓堡森林之役」（Die Schlacht im Teutoburger Walde）。

西元九年，阿米尼烏斯（Arminius）聯合日爾曼各部族，在萊茵河東岸擊敗了來襲的羅馬帝國在日爾曼地區的總督瓦魯斯（Varus）之軍團，史稱「條頓堡森林之役」，或者也被稱為「瓦魯斯之役」（Varusschlacht）。戰爭結果，帝國的第十七、十八、十九軍團被滅，數萬羅馬戰士埋骨於日爾曼無邊的森林中，瓦魯斯自殺身亡，阿米尼烏斯將之斬首。從此確定了帝國再也無法將日爾曼人納為帝國子民，版圖也限制在萊茵河以西。當時在羅馬的奧古斯都大帝聽聞慘敗消息，悲憤不已，哀號道：「瓦魯斯啊，把軍團還給我！（Quintili Vare, legiones redde!）」

無論皇帝如何哀號，軍團怎樣都回不來了，此後，羅馬軍團中也不再編入十七、十八、十九號，以避免喚起人們對羅馬帝國史上這場慘烈戰役的悲痛回憶。而這場戰役，也被認為是促成日爾曼人的共同體意識產生的關鍵。甚至，成為德國建國神話的起源。

這場戰役由羅馬總督瓦魯斯對抗日爾曼將軍阿米尼烏斯（Arminius，是拉丁文姓名。他的德文姓名是賀爾曼，Hermann）。當初羅馬帝國允許邊境的日爾曼人歸化取得羅馬公民權，日爾曼部落領袖阿米尼烏斯就是透過這方式取得公民權，學會了拉丁語，甚至加入羅馬軍團成為軍官，並取得了羅馬帝國日爾曼省的總督瓦魯斯的信任。

當時，羅馬帝國在日爾曼人居住地引進了帝國法律規章，想要強推「羅馬式和平」（Pax Romana）。但這些法律在帝國典章制度中已經有系統地處理個人的權利及義務關係，與日爾曼更強調共同體的古老部族習俗及法律格格不入，遂引起日爾曼人不滿及反抗，奧古斯都也擬發動武力收服。

西元七年，阿米尼烏斯回到部族，在各族間取得了共識，決議在西元九年與羅馬軍隊一戰。阿米尼烏斯因為多年從軍，早已熟悉羅馬軍隊作戰方式及實力，並且取得瓦魯斯的信任，所以羅馬雖然發動三個軍團，出動超過兩萬名戰士，依然因誤判軍情，在條頓堡的森林中慘遭屠殺。這可說是兩千年前上演的歐洲版無間道劇情，這個原名為賀爾曼、化名進入羅馬軍隊從軍，最後背叛羅馬成為日爾曼大軍元帥的阿米尼烏斯，為日爾曼人打了一場解放戰爭；日爾曼－德意志的歷史終於展開，而羅馬帝國意圖控制中歐，使全歐洲羅馬化的勢力最終被擋在萊茵河彼岸，甚至必須懼怕日爾曼大軍來襲。有史家認為，德國在文化及政治上的「特殊道路」，從彼時這場決定性戰役後便延續至今。

阿米尼烏斯成為日爾曼人的英雄，甚至被視為德國民族主義象徵，其事蹟與形象被用以打造一個德國民族。今日的條頓堡森林中，便矗立著高聳天際的紀念雕像，他舉著劍，正是一種展現德國之力量的象徵。而當年移民到新大陸的德國人，也曾經在美國的明尼蘇達州立起賀爾曼銅像，可見他對於散居海外的德國人亦有極強的感召力。

這樣的感召，可以在詩人海涅寫於一八四四年的名詩《德國：一個冬天的童話》中讀到：

倘若賀爾曼未與他的金髮的族人們
贏得那場戰役
德意志的自由將不復存在
我們將成為羅馬人

Wenn Hermann nicht die Schlacht gewann
mit seinen blonden Horden

so gäb' es die deutsche Freiheit nicht mehr
wir wären römisch geworden!

另外，美國學者班納迪克・安德森（Bennedict Anderson）探討民族主義源起的名著《想像的共同體》，其德文譯本《國族的發明》（*Die Erfindung der Nation*），第一版封面設計便放入了賀爾曼的紀念碑，顯見這場戰役對於「德國民族的發明」之意義。

皇帝失去了三個軍團後，也對於日爾曼部族的殘暴、不文明、強大戒慎恐懼，開始思考如何對抗蠻族。古今中外帝國對抗蠻族的想法很類似：修牆、建立防線，隔絕在外！於是，羅馬帝國從一世紀開始直到六世紀之間，修築了從不列顛延伸到中亞、北非的歐亞防線，稱為「界牆」（Limes）。這個名稱來自拉丁文的「穿越」（limus）及「門檻」（limen），多瑙河、萊茵河等這些大河形成自然邊界，但是在其他陸上的邊防，帝國便修築了城牆防禦。這個拉丁語的概念也在今日的歐洲語言中留下印跡，例如在德語中，Limes 除了是羅馬的界牆，也是數學的極限值，以 lim 為代表符號。英文的 limit（界限、設限）、德語動詞 limitieren（設限）等等概念，都與這個代表界限的字源相關。

我們可以想像，這個為帝國與非帝國領土劃出了界限的城牆，就是羅馬帝國的萬里長城，當時在這條界牆沿線，設立許多要塞，駐紮著羅馬軍團。這道防線不僅用於軍事，也作為關稅控制，以及消息快遞之用。防線以內，帝國在西元八五年設立了「下日爾曼尼亞」（Germania Inferior，首都即是今日德國的麥恩茲）及「上日爾曼尼亞」（Germania Superior，首都為今日德國的科隆）兩個行省。防線以外（即萊茵河以東）不再是帝國領土，被稱為「大日爾曼」（Germania Magna），要塞上的羅馬戰士每天便向東邊警覺，小心翼翼地提防大日爾曼地區的蠻族。法蘭克福市郊的這個薩爾堡羅馬要塞遺址，就是兩千年前國際政治與軍事勢力角力的痕跡。

後來，帝國崩毀了。這道防線再也沒有意義，逐漸地，界牆隨著帝國一併毀壞。羅馬軍團撤走後，要塞壞圮，中世紀以後人們逐漸忘記了這道防線與這些歷史。薩爾堡成為一個寧靜的小鎮，那些軍事工事的遺跡，以及羅馬人在此生活留下的用品，成為埋在土中的磚石。

十八世紀開始，這些文物漸漸出土，引來了專家的興趣。隨著德國考古學的發展，這些出土文物被更詳細地研究。十九世紀時地方政府與望族出資保存並研究文物，甚至開始討論重建要塞的可能。這個計畫原來進展緩慢，直到德意志帝國的威廉皇帝二世於一八九七年宣布，重建羅馬要塞的工作將被列為皇家重點計畫。一九〇〇年十月十一日，皇帝舉行了開工典禮，一九〇七年重建完成。

為什麼威廉二世支持這個計畫？這個原來用以對付日爾曼人的軍事要塞，對他這個日爾曼人的皇帝有何吸引處？

要塞的大門口，設立了一座羅馬帝國皇帝安東尼屋・比烏斯（Antoninus Pius）的全身銅像，這是柏林的藝術家歌茲（Johannes Götz）在一九〇一年時奉命打造的。原來大門口處在羅馬時代是戰神的雕像。安東尼屋・比烏斯是界牆的完工皇帝，也被認為是對於羅馬人與日爾曼人間的和平較有貢獻的皇帝。在銅像的底座，威廉二世用拉丁文刻上「IMPERATORI ROMANORUM TITO AELIO HADRIANO ANTONIO AUGUSTO PIO GUILELMUS II IMPERATOR GERMANORUM」（日爾曼的皇帝威廉二世向羅馬皇帝安東尼屋・比烏斯致意）。

為什麼要致意？昔日與羅馬皇帝對抗，今日卻向羅馬皇帝致意？我認為，威廉二世正是以此舉表明，他與羅馬皇帝平起平坐，甚至繼承了羅馬帝國的法統。（繼位皇帝紀念前朝皇帝豈不是再正常不過的事嗎？）這個向羅馬皇帝致意之舉，不只針對同為日爾曼地區的奧匈帝國，也針對界牆延伸到的英國，以及所有其他歐洲國家。這個期盼德意志帝國成為世界強國的末代德皇，最後讓重建羅馬要塞成為充滿政治意味的事件。也許，甚至還因為他的雄心壯志，間接導致了第一次世界大戰的爆發。

二〇一四年，逢一戰爆發百年時，我再訪這個軍團與界牆遺址，站在比烏斯雕像前心想，從條頓堡森林到巴爾幹半島，帝國俱往矣，那些權力鬥爭如今已歸塵土，看著原是戰場的沉寂山林，能不感嘆？

法蘭克福的小水屋

Wasserhäuschen in Frankfurt

德國街上有一種特別的風景，四處可看到一座小小的亭子，零售報章雜誌、啤酒飲料香菸甚至充飢的小點心，這種飲料亭被稱為「Trinkhalle」，直譯就是「喝東西」（Trink）的「廳堂」（Halle）。

這種飲料亭賣的東西多樣，營業時間又長，有些甚至連車票、郵票都賣，是方便的小小雜貨店。許多飲料亭外面會擺幾張高腳桌，德文叫「立桌」（Stehtisch），三五朋友聚在這裡抽抽菸、喝瓶啤酒，也是極佳的社交場所。不過一個人在此也是很愜意的，我常常買完報紙後就站在桌旁喝一杯一歐元的咖啡，邊讀讀報紙，有時身邊有誰也在看報紙，常一起聊聊近來地方的大小事。不知為什麼，在這種地方就是很容易開始「Smalltalk」（閒聊）。

這種小雜貨亭，在不同的地區還有不同的名字，例如在魯爾區就稱作 Bude 或 Büdchen，南德多叫做 Kiosk，柏林地區多叫做 Spätverkauf、Spätkauf 或簡稱為 Späti（Spät 晚的 +verkauf 銷售，因為營業到深夜而有此名稱），但我最喜歡的還是法蘭克福地區的名稱：「小水屋」（Wasserhäuschen）。

德語維基百科上說，小雜貨亭的歷史從十九世紀下半葉開始，當時德國工業化浪潮擴及全國，連帶促成這種小生意在街角出現，服務消費者，一開始只賣無酒精飲料，但現在則不限。法蘭克福市政府的網頁上介紹「小水屋」的興起，是因為十九世紀的勞動者需要解渴，但是當時的自來水有衛生疑慮，無法生飲，工人們便都常買酒喝。為了工人們的健康，便出現了這種市政府授權的賣礦泉水的小屋，也不受法令規定的一般商店營業時間限制。鼎盛時，在法蘭克福市區有八百處小水屋，現在也還有三百處。

不過，我讀十八世紀作家讓・保羅（Jean Paul）的小說《巨人》（*Titan*）時，已經讀到多處出現「小水屋」的場景，顯然這並非那麼晚近的概念。但是，幾百年前的小水屋與後來工業化後發展而生的小水屋是否功能相同，則難確定。

隨著時代變化、租金高漲、消費習慣改變等因素，小水屋逐漸消失中，要麼被拆除，要麼不再經營。這也引來老派法蘭克福人的鄉愁。現代每個人幾乎都有一間心有獨鍾的咖啡廳，但上一代許多人都有自己最愛的街角小水屋，這已經成為共同記憶，甚至是文化資產，也因此，法蘭克福也出現了保存小水屋的活動。除成立保存小水屋協會外，目前每年都評選「年度小水屋」獎項（Wasserhäuschen des Jahres），並於二〇一七年辦理第一屆「小水屋之日」（Wasserhäuschentag）系列活動。法蘭克福市也定期規劃小水屋主題導覽，穿越高樓大廈或者郊區，在最昂貴的市中心地段或者安靜的住宅區，探索各具風情之小水屋的魅力。

小水屋究竟有何魅力？對很多法蘭克福人來說，那不只是飲料店或書報亭而已，那是童年之一角，是一種家鄉的象徵。店主不只是賣東西給你的人，還是幫你收包裹的人，是在心情低落時問候你的人，在冬夜裡為你遞上熱呼呼咖啡的人。難怪《杜蒙旅遊》（*DuMont*）的法蘭克福旅遊專冊這麼寫著：「如果不是法蘭克福人，不會理解，一個法蘭克福人身處在許多其他城市時，會想念的事物：小水屋。」而法蘭克福的作家娜迪雅・麥爾（Nadja Mayer）在《法蘭克福最喜愛的地方》（*Frankfurt – Lieblingsorte*）書中，便描述市民們不只在小水屋買飲料、甜點、香腸、喝啤酒（雖然有違小水屋一開始設立的功能）、買報紙，甚至還在這裡寄放鑰匙，以便親戚晚點來拿；或者讓包裹寄到這裡代收；路上撿到遺失物，也可以交付給小水屋；而任何人都可以在這裡相互交談，這裡是「社區中的客廳」。

我還在法蘭克福工作時，住家附近也有一間社區中的客廳，除了一般飲品香菸報刊等販售服務外，還有店主太太的手工蛋糕，有時下班晚了，我便在回家路上在此停留，買份麵包加香腸及啤酒果腹，順便在那裡與鄰居們一起看看足球賽轉播。回到臺灣後，我總記得曾經在那個小水屋度過的時光，餐廳有高級與平民等級之分，然而小水屋永遠這麼庶民，無論你是企業老闆、銀行經理、社區媽媽、難民移民或者臺灣來的公務員，在這裡都是平等的，也許只有一個要求：所有來到小水屋的人，不必要支持同一個政黨，甚至不必要有愛國心，但最好都能一起為本地的足球隊加油。

來吧，為了人民，我們去吧

Komm, wir gehen für unser Volk!

介紹一個哲學家愛蒂斯・施泰茵（Edith Stein），中文世界較不熟悉此人，她在德文世界也不算知名的哲學家——或者說，她的知名度不在於哲學，而是在宗教，因為她是被教廷封聖的聖人，其教名為「聖十字德蘭本篤」（St. Teresia Benedicta a Cruce）。

施泰茵出生於一八九一年的布雷斯勞（Breslau）的猶太家庭，後來去了哥廷根大學及弗萊堡大學求學，拜在大哲胡塞爾門下，成為知名哲學家海德格的師妹，一九一六年寫了一本被胡塞爾評為極優的博士論文。博士畢業後，她本想繼續寫教授資格論文，但是被胡塞爾拒絕——那個年代，基本上女性教授是無法想像的事（德國在一九二三年才出現第一位女性教授），因而胡塞爾拒絕指導她，可是施泰茵的哲學天賦實在太好，胡塞爾留她為助理——海德格是另一位助理。

可以想像，倘若不是身為女性，施泰茵很有可能成為一位與海德格平起平坐的哲學家。但是施泰茵並不死心，前後在各不同大學試圖提出教授資格論文總共四次，皆被拒絕。最後終於被迫必須放棄她成為哲學教授的夢。她當時寫成的擬提交教授資格論文的手稿，幾十年後才以《有限的以及永恆的存有》（*Endliches und Ewiges Sein*）為題出版。

會走上神職實非她所料，她原先只想做哲學研究，對神學並無興趣。後來她在感情上受到極大挫敗，心灰意冷，便打開了通向上帝的門。一九二二年受洗，一九二三年到一九三一年，她去了德國萊茵法爾茲邦史拜爾（Speyer）的道明會教會學校教書，後成為修女。這期間，她也做了許多神學研究。一九三三年納粹上台後，她的猶太背景使她難以在德國生存，只好與姐姐羅莎逃到荷蘭，躲避於修道院中，然而隨著納粹入侵荷蘭，終究不能倖免。一九四二年姐妹倆被解送到集中營，集中營中有守衛敬她是修女，表達願助她逃離，遭拒。她說，她必須與所有苦難中的兄弟姐妹們共同承擔命運。

那一年，她被送進毒氣室，死於奧斯威辛。據說在被解送到集中營前，她這麼對其姐說：「來吧，為了人民，我們去吧。」（Komm, wir gehen für unser Volk!）

施泰茵的思想雖然在學界不甚出名，但已經被視為一位具有原創性的哲學家與神學家。她的著作已被編輯為二十七冊的全集，包括她的博士論文、現象學論文、政治哲學論文、神學論文、書信集、自述、譯文、女權論文等。這個深刻聰明且創作力驚人的思想家，只因身為猶太女性，就這麼與海德格走上截然不同的道路。她的思想，值得世人細讀；她的命運，值得世人悼念。

關於她的著作，還有一段小故事。作家莎拉・貝克威爾（Sarah Bakewell）在《我們在存在主義咖啡館：那些關於自由、哲學家與存在主義的故事》一書中，記錄了胡塞爾的巨量手稿如何被驚險地運到比利時收藏的故事，也順帶提到了施泰因的手稿之命運。施泰因被納粹抓走之時，遺留下了大量的著作手稿，現場一片狼藉。後來學者露西・格爾伯（Lucy Gelber）與修道院人員回到現場，看到散落一地的無數紙稿，緊急搶救，細心整理，終於在戰後得以出版。

後世很有可能讀不到施泰因的遺稿，其最終能夠出版，也許是偶然，或者也是命運之必然。羅馬時代的詩人莫魯斯（Terentianus Maurus）之名句「書籍有其自身命運」（Habent sua fata libelli），正可形容施泰因全集之遭遇。

一九六七年，《明鏡週刊》一篇專文〈一位修女之死〉（Tod einer Nonne），報導了施泰因的事蹟。之所以在施泰因逝世二十五年後才報導，是因為德國即將對當初解送荷蘭地區的猶太人至集中營的德軍（也就是殺害施泰因的兇手）舉行審判。

文中描寫，施泰因小時候便放棄了猶太教，而胡塞爾的現象學思考呼籲「回到事物自身」（Zurück zu den Sachen），對於年輕時期想探問世界客觀秩序的無神論者施泰因有很強的吸引力。但是她在哲學之路上，最終找到了信仰，這次是基督教感召了她。而幾年後，她偶然在圖書館裡找到的西班牙修女阿維拉的聖泰瑞莎（St. Theresia von Avila）的傳記，更使她堅定信仰。最後去了史拜爾的修道院教書，並翻譯阿奎那的神學著作。

一九八八年，若望保祿教宗封施泰茵為聖人。一九九〇年，史拜爾主教大教堂裡，設立了施泰茵的紀念雕像。倘若各位有機會去參觀這個也是聯合國世界文化遺產的大教堂，請記得去這個紀念碑，悼念這位原該成為德國第一位女哲學教授的聖人。

除了史拜爾主教大教堂，還有另一個地方可以悼念施泰茵。那是矗立在雷根斯堡多瑙河畔的「瓦爾哈拉」神殿（Walhalla）。

瓦爾哈拉典故來自北歐神話，原意指「戰死英靈棲息之處」，十九世紀時巴伐利亞國王在多瑙河畔蓋了這座神殿，選擇最能代表德國文化的偉大人物供奉。德國建國雖晚，但走在裡面看到的每一座雕像，都能讓人感受到德國在何等的精神力量下被作為一個國家看待，例如，大門雕飾上就有前文描述的擊潰羅馬軍團、創造民族認同之賀爾曼，因此這座英靈神殿可說是十九世紀德國建國神話的重要建制。華格納的《尼布龍根的指環》其中一部《萊茵河的黃金》中，就有一章叫做「眾神進入瓦爾哈拉」（Einzug der Götter in Walhalla）。大英博物館館長尼爾・麥葛瑞格（Neil MacGregor）所寫的《德意志：一個國家的記憶》中，也特別以一整章書寫瓦爾哈拉對於形塑德國國家記憶的重要性，稱為「英雄的殿堂」。

施泰茵於戰後作為神學家、哲學家、聖人及無畏走入集中營的犧牲者，被選入這座英雄的殿堂，雖然不符合傳統英雄的定義，但卻是絕對無誤的選擇。她也是必須被這個國家記住的戰死的英靈，她在戰場上所為之奮鬥的不是一國之勝利，而是更高的人類價值。

哥白尼式的轉向
kopernikanische Wende

我造訪華沙時，站在華沙大學前面的廣場，看著哥白尼（Nikolaus Kopernikus）的銅像，非常感動。

這個哥白尼銅像，手裡拿著天體模型，象徵他對世界的影響在於重新解釋了宇宙的秩序。幾乎每個人都聽過他的名字，也知道他是提出地動說的人。雖然他的名字如此熟悉，可是真的站在他的銅像前，我還是覺得震撼。因為這也是深深影響大哲學家康德的人。

康德在他的《純粹理性批判》第二版前言裡面，說他要做的哲學是思想方式的扭轉，就像哥白尼對宇宙學所做的工作，以及歐幾里德對幾何學所做的工作。康德以前的知識論、自然科學和數學，都把重點放在經驗的對象物，先設定既有的世界（eine gegebene Welt），康德提出的新做法，不再把眼光放在這些客體對象，而是去探索經驗的主體，去思考人的認識能力與限度，然後才會有對象。後來哲學史把康德的這個轉向純粹理性的主體思考，稱為哥白尼式的轉向（kopernikanische Wende）。

哲學家卡利爾（Martin Carrier）寫的《哥白尼》（*Nikolaus Kopernikus*）一書中，稱哥白尼的轉向為人類精神史中最重要的幾個事件之一，他寫道，佛洛伊德就認為，讓人類遭受重大屈辱的事件有三次，第一次就是哥白尼轉換了觀察宇宙的方式，讓人類發現，自己並非宇宙的中心，迄今為止的宇宙觀被瓦解；第二次事件則是達爾文提出物競天擇，突然人類發現自己並非造物主有意識地按照自己的模樣創作出來的產品，而是來自動物王國；第三次事件則是佛洛伊德自己的心理學，人類發現了幽暗的潛意識世界，理解到自己並非理性的、思想的主人，藏在更深層的潛意識（或者說非意識）的，才是決定心理過程的關鍵者。

因此，我們可以說，哥白尼以知識改變了世界，而人類歷史上能發揮與他一樣大影響力的人，寥寥可數。卡利爾便說，正因為哥白尼重寫了宇宙論，才使得世俗化的世界誕生，人類才進入了新時代（Neuzeit）。

哥白尼大部分的著作都用拉丁文寫，畢竟那是當時的學術語言，包括他最知名的著作《天體運行論》（*De revolutionibus orbium coelestium*）。不過他一四七三年出生於原屬於普魯士的拖倫（Thorn，波蘭語 Toruń），那是漢薩同盟城市之一，他出生前幾年才劃給波蘭。因此德文也是其母語，他曾經在普魯士用德文進行幾次學術演講，我曾找來他的演講稿

（是非常難懂的中世紀德文）試著讀讀看。

哥白尼在世時出版的天體物理學著作，後來被天主教教會列為禁書，新教也不喜歡他的學說，例如馬丁路德。不過，丹布朗小說中的蘭登教授說，哥白尼因為以科學揭穿了教會的謊言，而被教會處死，這應該不符合事實。哥白尼其實與教會關係密切，雖然他對學術的信仰比較深。他自己甚至擔任過 Domherr 這種為教會服務的職位（中文似乎沒有固定的翻譯，日文翻譯成參事會會員）。他自己也跑去天主教大本營義大利拿了一個教會法博士（Doctor iuris canonici，德文叫做 Doktor des Kirchenrechts）。

這個學位在天主教中有其歷史意義，根據天主教法典，某些重要的教會職務要求應有教會法或神學的博士或碩士學位。這種充滿中世紀風味的法學博士，據我所知，目前還保留在南德少數幾間傳統大學的法學系裡，只是以 Doctor iuris utriusque 的形式，utriusque 是拉丁文的「雙」，這個意思就是雙重法博士（德文 Doktor beider Rechte），或者更詳細翻譯：世俗法和教會法雙重法學博士。我曾寫過一篇文章〈如果這就叫反叛，我樂於反叛〉，談聯邦最高法院庭長費雪（Thomas Fischer），他就是在符茲堡（Würzburg）大學取得這個世俗法和教會法雙重法學博士學位。

從康德的《純粹理性批判》出版之後，「哥白尼的轉向」這概念就通行整個德語區，進而也成為日常德語中的用法。我曾看過一部談難民問題的紀錄片，一位接受訪問的記者就說，難民事件為政壇帶來一次「哥白尼的轉向」，政治人物必須從製造難民的原因出發，去思考底層人物的命運，才能解決整個歐洲的危機。

在媒體上，常常可以看到「哥白尼的轉向」的片語，而政論節目上也常可聽到來賓批評某政策必須大幅度改革，必須來次哥白尼的轉向。也許我們生存在這個時代，看著美國的槍枝政策、獨裁政權對其公民的監控迫害、北非與中東難民問題、極端意識型態的恐怖主義、氣候變遷、能源問題……多少都盼望著各種領域裡的哥白尼轉向。

唯獨因信稱義

sola fide

在宗教改革五百年時，我去了馬丁・路德教書，以及據稱在教會大門釘上攻擊天主教的九十五條論綱城市維滕堡（Wittenberg）。特意去維滕堡，是因為早對路德甚感興趣。這個城市與路德的關係如此緊密，因而現在其正式名稱改為「路德之城維滕堡」（Lutherstadt Wittenberg）。

我雖不是基督教徒，可是從碩士班到博士班處理的思想都與神學極有關聯（我研究的哲學家黑格爾與海德格，很巧地他們都是神學院學生，後來才轉到哲學系，但是其思想都在哲學與神學領域遊蕩），因此閱讀不少神學詮釋，當然也包括《聖經》。而馬丁路德的《聖經》是我接觸西方神學思想的一個重要資源（閱讀過程中也使我的德文知識進步許多）。

路德的翻譯是一次重要的神學政治事件，因他奠定了「sola fide」原則，這句拉丁文的意思是「單單憑著信仰」（德文翻譯為allein durch den Glauben），也就是今日常見的「唯獨因信稱義」說法，這個德文《聖經》，讓信仰者得以直接閱讀，單單憑此與上帝溝通，教會的權威因而受到挑戰。他的勇於截斷權威，在教會門口釘上九十五條論綱、翻譯《聖經》，建立了路德教派（信義宗），為他招來教會支持勢力的不滿，收到死亡威脅，甚至引發一六一八年到一六四八年的三十年戰爭，全歐洲為了不同宗教教派立場殺得烽火連天。

但路德《聖經》也是一次語言事件。原來的《聖經》是以希伯來文（《舊約》）及希臘文（《新約》）寫成，大約四世紀時翻譯成拉丁文，即所謂 Vulaga 版本。西方印刷術發明者古滕堡在一四五二年印製的《聖經》，就是這個拉丁文版。拉丁文《聖經》不是每個德國人都能讀，因此對《聖經》的詮釋權就掌握在教會手裡，教會能夠把《聖經》內容以德語講述給一般人聽，成為凡人與上帝之間的傳譯。當時當然也已經有一些德文版《聖經》，但是一來翻譯自拉丁文版，因此最終詮釋決定權仍然掌握在操拉丁文的教會手裡；二來德文版《聖經》並無定版，從拉丁文硬翻的結果，品質不佳，一般人難以理解。所以路德後來在維滕堡召集一群聰明而努力的學者進行《聖經》新譯工作，從希臘文及希伯來文直接翻譯，並且以容易明瞭的德文書寫，擺脫了教會的詮釋壟斷。

在他的時代，德意志大地上約有二十種方言，大致分為高地德語與低地德語，並無所謂的標準德語。路德《聖經》翻譯的過程中，觀察各地德國人的口語，思考德語的邏輯，並在難以找到相應詞語翻譯《聖經》時，以人民易懂的方式創造出新詞。例如，原來希伯來文《聖經》的「Tohuwabohu」這個概念，之前的德語《聖經》不知如何翻譯，路德以人民能夠理解的「wüst und leer」（空虛混沌）翻譯，於是有了知名的〈創世記〉開章：「起初神創造天地，地是空虛混沌，淵面黑暗，神的靈運行在水面上。」「wüst und leer」這個詞組用以表示混亂狀態，而〈創世記〉就是描述神在混亂的世界裡，創造出秩序來。不過，因為當年老《聖經》中「Tohuwabohu」這個字已深入人心許久，因此路德雖然給了它德文翻譯，還是以非正式方式留在了德語中，以表達失序混亂（同時也是報紙填字遊戲很喜歡的答案之一）。

之後，這本《聖經》可說是德國賣得最好的「德文教科書」，對於德國各地人民彼此理解及現代德語的誕生有無比的貢獻。當時這本新譯本《聖經》，在路德在世時賣出了五十萬冊，而當時德語區的人口據估計大概只有一千兩百萬至一千五百萬人之間。

我買了一只「路德杯」，上有路德大約五百年前親手為其教派設計的圖徽，一般稱為「路德玫瑰」。圖案上是十字架、心、玫瑰，象徵基督徒憑著對神之信心，即可進入鮮花綻放之天堂。圖案上寫著路德的話語：「在十字架下，基督徒之心會在玫瑰之上綻放。」

（Des Christen Herz auf Rosen geht, wenn's mitten unterm Kreuze steht.）

五百年來，路德《聖經》傳遍整個歐洲德語區，為德語的標準化奠定了極大的功勞。他所翻譯的《聖經》，今日讀來仍覺非常現代，其語言創造了許多今日德語都還時常使用的詞彙與概念。路德《聖經》鑄造的通行德語中，列舉幾個有趣的字彙如下（以下《聖經》經文中文翻譯皆引自和合版《聖經》）：

- Blutgeld：「血錢」，在《聖經》裡是猶大出賣耶穌所獲得的錢，中文《聖經》裡翻譯為血價，如〈馬太福音〉第二十七章：「Aber die Hohenpriester nahmen die Silberlinge und sprachen: Es taugt nicht, daß wir sie in den Gotteskasten legen, denn es ist Blutgeld」（祭司長拾起銀錢來說，這是血價，不可放在庫裡）。或者意指不義之財，例如〈阿摩司書〉第五章：「Denn ich weiß euer Übertreten, des viel ist, und eure Sünden, die stark sind, wie ihr die Gerechten drängt und Blutgeld nehmt und die Armen im Tor unterdrückt.」（我知道你們的罪過何等多，你們的罪惡何等大。你們苦待義人，收受賄賂，在城門口屈枉窮乏人。）不過現在使用這個字，通常有兩種意思，一是贖罪錢，也就是加害者付給受害者家屬的賠償金；另一個意思是懸賞緝拿兇手的賞金。

• Lockvogel：「誘餌」，由吸引（locken）加上鳥（Vogel）組成，很形象的字彙。〈耶利米書〉第五章：Und ihre Häuser sind voller Tücke, wie ein Vogelbauer voller Lockvögel ist. Daher werden sie gewaltig und reich, fett und glatt.（籠內怎樣滿了雀鳥，他們的房中也照樣充滿詭詐。所以他們得成為大，而且富足。）

• Herzenslust：由心（Herz）與慾望、興趣（Lust）合起來的字，表達歡快的情緒，例如開懷暢飲就叫做 nach Herzenslust trinken。但在《聖經》中，Herzenlust 是一種「熱愛」，如〈帖撒羅尼迦前書〉第八章「also hatten wir Herzenslust an euch und waren willig, euch mitzuteilen nicht allein das Evangelium Gottes sondern auch unser Leben, darum daß wir euch liebgewonnen haben.」（我們既是這樣愛你們，不但願意將神的福音給你們，連自己的性命也願意給你們，因你們是我們所疼愛的）。

• Feuereifer：「激情」，由火（Feuer）加上激情狂熱（Eifer），《聖經》〈詩篇〉第七十九章：「HERR, wie lange willst du so gar zürnen und deinen Eifer wie Feuer brennen lassen?」，和合版《聖經》翻譯為「耶和華啊，這到幾時呢？你要動怒到永遠麼？你的憤恨要如

火焚燒麼？」不過，在現代德語的用法，Feuereifer 不是如火的憤恨，而是巨大的激情。帶著激情做什麼事，就會說 mit Feuereifer，就是全心全意、全力以赴。

- Kleingläubiger：由小（klein）加上信仰者（Gläubiger），意思是「心存懷疑者」。語出路德版《聖經》〈馬太福音〉第十四章：「O du Kleingläubiger, warum zweifeltest du?」（你這小信的人哪，為什麼疑惑呢？）

- Morgenland：早上（morgen）與土地（Land）組成，意思是日升之處，亦即「東方」。〈馬太福音〉第二章：「Wo ist der neugeborene König der Juden? Wir haben seinen Stern gesehen im Morgenland und sind gekommen, ihn anzubeten.」（那生下來做猶太人之王的在哪裡？我們在東方看見他的星，特來拜他。）與 Morgenland（東方）相對的概念就是 Abendland（西方，即由「晚間之處」的字組成），在德語中指的是以基督教為主的西方世界，知名的西方衰敗論思想史家史賓格勒（Oswald Spengler）《西方的沒落》（*Der Untergang des Abendlandes*）就用了這個字。

以上我所選出的這幾個字，只是舉例說明路德為現代德語所做出的一小部分貢獻，科隆大學的日耳曼語言及文學教授哈爾特慕特・君特（Hartmut Günther）便在宗教改革五百周年時出版一本極佳的著作《以激情及熱愛：路德如何鑄造了我們的語言》（*Mit Feuereifer und Herzenslust: Wie Luther unsere Sprache prägte*），選了更多詞彙，指出當時創造出的聖經德語，所用詞彙「如圖像般鮮明」（bildhaft）、「生氣勃勃」（lebendig），也因此深為德國人所接受，直至今日，德國人仍使用大量路德留下的語言遺產而不自知，例如「眼中刺」（ein Dorn im Auge sein）、「不事二主」（Niemand kann zwei herren dienen）等說法。

據說，路德常與其助手們討論好幾個禮拜，就只為了找出一個貼切並且合乎當時人語言習慣的對應德語詞，這樣對待翻譯的態度可以看出，他以全然的激情所愛著的，應該不只是上帝，還有德意志大地上所說著的語言。

不要引領我們陷入試探

führe uns nicht in Versuchung

二〇一七年耶誕節前，德國天主教會與梵蒂岡教廷之間發生一場唇槍舌戰，起因於一句《聖經》經文的翻譯。那是家喻戶曉的〈主禱文〉（Vaterunser）中的一句：「不要引領我們陷入試探（führe uns nicht in Versuchung）。」

事件導火線在於，法國天主教會改變了這句祈禱詞，原來這句的拉丁文是 Et ne nos inducas in tentationem，法文翻譯為「不將我們置於試探下」（Et ne nous soumets pas à la tentation）。自十二月三日起拿掉了 soumettre（使屈服、順從、經受）這個動詞，而改成「不讓我們受到試探」(Et ne nous laisse pas entrer en tentation)。

這個改動中出現的微妙語意變化，絕非翻譯之細節而已，更攸關神學釋義的爭論。原來的版本是，上帝會將世人置於試探下，而禱告者祈求上帝憐憫，勿將我們帶向試探；新版本卻是世人自己走向試探，而禱告者祈求上帝讓世人勿受試探誘惑。這個翻譯的變化中，上帝的主動角色被更動了。

法國天主教會宣布修改〈主禱文〉後，瑞士教會也宣布二〇一八年起跟進。教宗方濟各在耶誕節前接受義大利電視訪問時喊話，表示德國也應該跟進，因為現存的德文翻譯是錯誤的。他認為，上帝不會主動引領人走向試探，以測試人對上帝的信心：「天父不會做這種事，一個父親會幫你立刻站起來。那引領你走向試探的，是撒旦。我，才是墮落的人，但祂並非讓我陷入試探者。」教宗認為「不讓我陷入試探」才是正確的翻譯。

此言一出立刻在德國引來激辯，各主要媒體均報導分析，民眾也連日投書，而重要神職人員、宗教學者及古典學學者更是分別發表聲明。

此前德國〈主禱文〉中那句關鍵譯文是：Und führe uns nicht in Versuchung。和合本《聖經》的中文譯為「不叫我們遇見試探」。此譯文看不出德文聖經的爭議處，德文的 führen 是引領，主動地帶領，確切譯文為「不要引領我們陷入試探」。而教宗卻認為，引領我們走向試探的，只能是撒旦。

德國新教教會向來跟教廷不同調，因此並未呼應教宗的改譯說。而德國天主教會及神學界大部分的共識是，德文〈主禱文〉並無錯誤。德國主教會議主席馬爾克斯（Reinhard Kardinal Marx）便持此一立場，而雷根斯堡的主教佛德霍爾澤（Rudolf Voderholzer）更說，倘若真要改動原本正確的德文，則是「虛構耶穌話語」。

慕尼黑大學神學教授黑夫納（Gerd Häfner）則表示，《新約》的〈雅各書〉確有記錄，上帝不試探人類，可是在《聖經》其他地方也有記錄上帝會試探世人，例如《舊約》中亞伯拉罕遭受上帝試探，例如上帝也使義人約伯受苦難的試驗，因此，「教宗也可能犯錯。」

神學學者及作家哥拉赫（Alexander Görlach）接受媒體專訪認為，無任何新出土卷軸支持新譯文，單憑教宗喜好就要改變德國神學傳統，這是不合理的，他批評教宗為想討好大多數人的「民粹者」，雖然並非那種壞的煽動者，可是所有民粹者都是把事情簡單化的人。

也有不從語言、神義角度思考，而從「傳統」來申論的。法蘭克福的作家莫瑟巴赫（Martin Mosebach），是一位虔誠的天主教徒，就嚴詞批判法國教會與教宗背棄了傳統以及集體精神財產。另外，《法蘭克福廣訊報》副刊主編考博（Jürgen Kaube）評論，教宗的說法是「無視於經文」，他問：難道那禁食禁果的命令裡，沒有試探嗎？難道下令要亞伯拉罕犧牲其子的，不是上帝嗎？

但是，德國也有支持梵蒂岡的聲音。這個主動試探人類的上帝形象，其實長久以來也困擾部分德國的基督徒，早在法國教會有動作前，德國已有基督徒發起倡議，認為該譯文不準確，要求更改。另外，亦有學者認為，目前所謂的〈主禱文〉傳統，翻譯自拉丁文，拉丁文又來自希臘文，但倘若再回溯到耶穌傳道的最古老語言阿拉姆文（Aramäisch），則可發現原始的《聖經》版本應該更接近梵蒂岡建議的版本。德國人堅持的傳統，也許只是譯自早已是誤譯的希臘文及拉丁文。

究竟教廷與德國教會這兩種立場孰優孰劣，我無能力判斷，但德國已決定走自己的路，畢竟，自一五二二年馬丁路德在維滕堡（Wittenberg）翻譯《新約》時就寫成了「不要引領我們陷入試探」（vnnd fure vnns nitt ynn versuchung），五百年來德國人均如此祈禱，也自豪於路德《聖經》，傳統難以改變。但不管最後誰是誰非，教宗在德國帶出的激烈討論，確實為基督教帶來了一些活力。

已經很久不曾見到媒體上有來自各界神職人員、神學家、語言學家、史學家及一般民眾這麼深入而大規模地討論神學問題。究竟上帝的形象為何？慈愛地救贖，或者嚴酷地試探並懲戒？神與人的關係？人的自由意志又從何而來？這些問題的確值得再問，因為我們都生活在一個越來越多試探、誘惑與痛苦的塵世。

說尖角體

Fraktur reden

二〇一七年十二月，德國薩克森邦新購置的警用反恐鎮暴戰車，座椅上以德文尖角字體（Fraktur）繡上了薩克森警方的字樣，引來軒然大波。最後警方只好更換座椅上的標誌，以平息爭議。

為什麼這件事有爭議？其實是因為，這種字體曾經受納粹所愛。在提到納粹以前，先來說一個很有意思的德文片語：說尖角體（Fraktur reden）。

Fraktur 的原義是斷裂，而用在字體上就是指尖角的棱角字體（這種字體中發展出多種字型，特徵都是尖角），流行於十六至二十世紀的德語區。這種兼具典雅與力量的字體，因為流行於德意志啟蒙運動時，許多重要的德文經典都以這種字體印行，例如康德的《回答這個問題：論何謂啟蒙？》就以這個字體首刊。長久下來，德國文化傳統便與這種字體的意象扣連起來。

而片語 Fraktur reden，就從十六世紀有尖角體時便開始流傳，字義是「說尖角體」，意思是直截了當地、不拐彎抹角地直說。其實尖角體雖美麗，比起一般拉丁字體來說，卻不那麼容易閱讀。那麼，為什麼「說尖角體」會意指直接明白地說話？

因為當時的拉丁文作品幾乎都是以「古體」字體（Antiqua）印行，而德文作品則是尖角體。所以，說尖角體（其實應該原來的用法是「寫」尖角體，隨著時間演變，就變成「說」尖角體），對於以德文為母語的人來說，意思就是：別裝腔作勢說拉丁文啦，說大家都聽得懂的語言。

當年，對於教養階層來說，拉丁文是必備的學養，哲學系或神學系學生的拉丁文訓練是極佳的，常常大學畢業時還沒什麼好工作，就到貴族家裡教孩子們拉丁文，例如康德、黑格爾、荷爾德林年輕時都當過拉丁文家教。

歌德曾經輕蔑地批評過某個同時代的文人：他連拉丁文都說不好！可見拉丁文的地位。拉丁文是知識人的語言，並非一般大眾的庶民語，那不是在地的、人人可解的東西，那雖是德國上層社會教養的必要訓練，但那終究是來自羅馬帝國的文化，是非德意志的。

我購有康德某些還是以尖角體印行的古書，這位哲學家極愛引用拉丁語，而所有引用拉丁語的文句都以古體印刷，同一頁上的兩種字體，正可觀察幾百年來尖角體與古體這兩種字體，在文化政治領域彼此競爭的情形。結果，在二十世紀時古體成為更通行的字體。

到了納粹崛起時，他們開始使用尖角體的理由，便容易想像。許多人相信尖角體是德意志的，而古體是外族的，強調德意志特質的納粹，當然力倡脫拉丁化。在納粹的文宣品裡便越來越常見到尖角體，也給後人留下這是個納粹字體的印象，在當代德國的公共領域裡也有意地避用，除非是要處理歷史文獻。

不過，雖然納粹用了這個字體，我認為不能就這麼判定這是納粹字體，一來尖角體存在歷史久遠，早於法西斯主義；二來，更重要的，第三帝國後期，希特勒及戈培爾等納粹高層正式反對使用此字體，認為那是歷史上一些掌握出版業的猶太人使用的「猶太字型」（Judenlettern）（但這也是無稽之談）。

但無論納粹高層對於此字體的態度如何曖昧，許多納粹文宣品確實是以尖角體印行，當代人已將兩者緊緊連結。換句話說，如同原來很多中性的德文詞彙在納粹時期被意識型態化之後，已經不再具有中性地位，這個美麗的字體也已被納粹「汙染」了（非常可惜）。今日的公家機關再用這個字體，顯然很不政治正確——尤其薩克森邦是排外勢力相當強大的地方，更須格外小心。

古體的勝出以及尖角體的反撲，其中牽涉幾百年的文化政治主導權之爭，從薩克森邦警用車事件可以看出，一切歷史都還是當代史。而語言與文字的背後是歷史與文化，歷史與文化的背後也是語言與文字。

新日爾曼

Nueva Germania

今天的德國社會，必須面對難民以及外來文化帶來的複雜挑戰，部分人無法接受時代與局勢的變化，抗拒著複雜的社會，幻想回到原始的單純型態能夠為他們的生活找來解方——即使那所謂的單純可能不曾存在過。

例如，在面對越來越多外來人口時，種族主義的論調在社群媒體上越來越流行，甚至在政壇裡也開始看得到。選舉時德國其他選擇黨（AfD）就認為，「民族的／人民的」（völkisch）這個字只是民族／人民（Volk）的形容詞，不應該被負面看待，希望德國社會重新定義這個形容詞。

長年以來，「民族的／人民的」已經在納粹宣揚「民族共同體」（Volksgemeinschaft）後，具有特定種族主義政治意涵，而不再只是一個中立的詞彙。德國其他選擇黨的訴求，除了不考慮政治歷史因素外，也反映了社會裡部分成員對於民族的渴望，或者說對於將自身定義為單一人民的渴望——可是這種定義，通常是藉由定義「誰不是共同體成員」來達成的。

德國歷史上這樣子的渴望，第三帝國是其高峰。可是早在納粹出現前，那種對於純淨德意志民族的盼望與想像，早埋藏在一些德國人的內心深處。一個例子可以完美地體現這樣的種族主義幻夢：「新日爾曼」（Nueva Germania）。

新日爾曼是巴拉圭的一個小城，建立於一八八六年，大約二十平方公里大，現在人口有四千多人，當年，一個德國教師佛斯特（Bernhard Förster）帶著一些相信新大陸美夢的人，來到巴拉圭，希望在這裡建立一個能夠保護德意志血緣的世外桃源，而他的妻子，就是哲學家尼采的妹妹，伊莉莎白（Elisabeth Förster-Nietzsche）。

佛斯特與他的妻子都是知名的反猶主義者，他在學校裡就因為過於激進的反猶主義而被解雇。他們來到新大陸建立新日爾曼，就是希望在沒有猶太人或其他外國人影響下，保存並且培育完整的亞利安人血統。

這個計畫最後宣告失敗，德國移民都忍受飢餓與貧窮，多人自殺，或者也放棄了維持亞利安血統的堅持，與當地原住民通婚。佛斯特在看到他建立的亞利安聖地失敗後，也跟著自殺。這個建立在種族主義意識型態上的殖民地，成為一次失敗的政治實驗。

這個政治實驗雖然失敗，但是其中作用著的意識型態值得分析。佛斯特認為，當時的德國受到猶太人以及俄羅斯人的外來文化及血統威脅，逐漸失去原始的活力與純潔，他發動連署，致函帝國總理俾斯麥，要求阻止東歐的猶太人繼續遷入德意志帝國土地。他在各種場合大談猶太人造成了德意志德性的崩壞，並呼籲，應該在新大陸這個應許之地，讓德意志文化重生、恢復生氣。

就是在這種意識型態下，一八八三年，佛斯特到了巴拉圭，在那裡他花了兩年時間尋覓適合的殖民地，一八八六年終於找到今日新日爾曼所在處。他與巴拉圭政府簽訂合約，允諾將在這個土地上帶來至少一百四十戶德國家庭居住開墾——一個從沒能被完成的允諾。

沒能完成的原因很簡單，這些跟著這位德意志種族主義者來到新大陸的德國家庭，多是在德國受貧窮所苦的人，誤信新大陸充滿無限可能，他們是為了更好的將來而移民，並非為了保存什麼純粹的德國文化與血緣。而這些人來到熱帶氣候，試著在他們根本不熟悉的風土環境裡開墾，只能一敗塗地，落得破產下場。最後他們甚至擬控告佛斯特以不實言語誘騙。

一八八九年，佛斯特債台高築，以自殺結束了這個幻夢。之後，他的遺孀伊莉莎白回到德國，因為那一年，尼采陷入瘋狂，伊莉莎白親自照顧他，並接受其筆記，將之大幅度改編為反猶主義作品：《權力意志》（*Der Wille zur Macht*）。

該書是否真是尼采之作，學界實多存疑，因為根據醫師診斷，當時尼采的身心狀態已無任何寫作能力。這本在納粹時候被希特勒奉為經典的反猶主義宣傳品，當然是違反尼采本人意願的。早在伊莉莎白邀請尼采一同移民巴拉圭時，尼采已明確表示他與這些反猶主義心態中潛藏的妒恨保持距離，不參與這個種族主義幻夢。

現在的新日爾曼仍居住著五十幾戶德裔人士，許多人與拉丁美洲人通婚，他們的小孩說著西班牙語，大部分都無法說德語。村落許多人極窮困，德國政府還曾援助這些德國後裔。他們中的多數早已放棄種族主義堅持，可是依然有人在媒體來訪時侃侃而談白人優越論。這個小城、這些冠著德國姓氏的巴拉圭人，見證了種族主義的荒謬。

我們的德語

Unserdeutsch

這個世界上，誰在說德語？

大部分人對德語的印象是：複雜，難學，或許再加上一些偏見，例如腓特烈說的，我對情人說法語，對我的馬說德語。這麼困難的語言，除了德國人外，再加上奧地利，好吧，讓我們再把瑞士算進來，再加上義大利北部、西歐國家少數德語區及東歐少數人說德語，一共有一億多人說德語。根據《經濟週刊》在二〇一二年的報導，以德語作為母語者，全球大約有一億五百萬人，居世界第十位。如果把非母語者，但是經由學習而能掌握德語的人也算進來，總共約一億八千五百萬人。

這一億多人，絕大部分在歐洲，但是，其實德語不只在歐洲被使用，還在世界的其他角落生根，只是為世人遺忘。歐洲以外的德語世界，主要是兩個地方：納米比亞以及巴布亞紐幾內亞。

納米比亞曾經是德國在威廉帝國時期的殖民地，或者更正確地說並不是一般意義下的殖民地，帝國憲法將這個地方定義為「保護區」（Schutzgebiet）。從一八八四年到一九一五年之間，德國據有此地，稱為「德屬西南非」。

在德國與納米比亞的歷史裡，有一章比較陰暗的故事，當年派駐納米比亞的德國將領下令殺害反抗者，這起屠殺事件在德國的政壇多年來一直是個不愉快的話題，納米比亞將此一事件定義為種族屠殺（Völkermord），但是德國不願接受，直到二〇一五年七月九日，《時代週報》刊出國會議長拉莫特（Norbert Lammert）的專訪，承認這是種族屠殺。隔天，在聯邦政府記者會上，這自然成為媒體追問的議題。外交部發言人薛佛（Martin Schäfer）只能確認議長的回答。

不過，德國在這裡留下來的，不只有傷痛的過去，還留下了德國僑民以及語言。

在納米比亞的首都文豪克（Windhoek），也有一所歌德學院在這裡教授德語，但是，在納米比亞的德文課程，還有其他選擇。因為這裡在經歷德國殖民歷史後，留下了德文族群，德裔後代還是說著德文或學習德文。這些人被稱為德語的納米比亞人（Deutschnamibier），很粗略地估計，今日大概在兩萬到三萬人之間。如果加上非母語的納米比亞德語者，人數會更多。這些說德語的人，也是納米比亞的文化之一，因此，國內設立了「德意志文化委員會」（der Deutsche Kulturrat），想保留德國文化留下來的遺產。

德國人在納米比亞的歷史早在殖民之前就已開始，當時是來到非洲的傳教士，開始在納米比亞設立教會、學校等，也因而帶來越來越多的德國移民。十九世紀上半葉的德國，並非強國，窮苦之民也多，當時許多人前往新大陸尋求更好的機會，而非洲也是除了美洲外的另一個可能性。所以自十九世紀下半葉起，德語便傳播到此地，成為少數語言。在殖民時期更是成為官方語言。今日在納米比亞還是可以看到一些殘留的德文路標。我曾看過一段文豪克歌德學院拍攝的影片，採訪當地少數德語人士，即使祖先可能是百年前移民來此，他們的政治認同也與德國無關，但仍說著極為標準的德語。不只是我聽來標準，那段影片下的德國網友也留言說：「我真無法相信，這些德裔納米比亞人已在那裡生活幾個世代，而還說著那麼好、那麼『正常』的德語。」

另一個被遺忘的德語世界，是巴布亞紐幾內亞。極少數人在那裡說著一種被遺忘的語言：「我們的德語」（Unserdeutsch）。

巴布亞紐幾內亞，或者中國稱之為巴布亞新幾內亞，在十九世紀時曾經是歐洲列強的殖民地。十九世紀上半葉荷蘭人先來到這個島嶼，接著德意志帝國在威廉皇帝與俾斯麥的殖民政策下，也占領了巴紐的一部分，在十九世紀下半葉，巴紐東北部是德國的殖民地，西邊是荷蘭的殖民地，東南部是英國的殖民地，東北方被稱為「威廉皇帝國」（Kaiser-Wilhelms-Land）。直到第一次世界大戰，德國在海外的勢力節節敗退，因而也失去了巴紐這個殖民地。雖然現在已經沒有威廉皇帝國，但從今日的巴紐還存在著俾斯麥群島（Bismarck-Archipel）這樣的地名，可以看出歷史的痕跡。

德國傳教士、軍隊與政府撤退後，卻留下了很獨特的遺產：德語，或者，當地人稱之為「我們的德語」。

所謂的「我們的德語」，並不像德裔納米比亞人所掌握的標準德語，而是統稱流傳在當地的一種克里歐德語，尤其是拉寶爾（Rabaul）這個地方。十九世紀末、二十世紀初時，配合殖民的政策，一些德國天主教傳教士來到巴布亞紐幾內亞，為了傳教，很自然地開始教育人民。因此當地的居民開始學習德語，並且把德語作為溝通的語言，另外，當初在此殖民地，德國人也留下了一些後代——絕大部分是與當地人產下的混血兒。他們中的許多人被送到教會的學校去，也學習德語。

當年的拉寶爾，有一個很德國的名字：「辛普森港」（Simpsonhafen），許多德國官員以及殖民者來到這裡，執行威廉皇帝的殖民帝國主義，在那個時代，可想而知，來此的德國人，大部分都是男人，於是許多人在此找了當地原住民結婚，生下混血的第二代，人數多到甚至必須開設學校教育他們。在一張學校大合照上，就寫著：「半白的男孩們」（Die halbweißen Knaben）。

這些人雖學了德語，但並不是很正統的德語，他們自嘲為「錯誤的德語」（“Falsche Deutsch”）、或者「壞掉的德語」（“Kaputtene Deutsch”），但學者們多稱之為「我們的德語」。這個特殊的語言，原來是少數群體內的溝通語言，就這樣一百多年來，一代傳過一代，演變成全世界唯一一種作為克里歐語的德語（Kreoldeutsch），被長年忽視，即將絕種時才被學界發現。

目前以這種語言作為母語的，並沒有多少人，下一代人越來越少使用「我們的德語」，學者粗略計算，目前大概還有一百多人在說「我們的德語」，而這些人幾乎都在當年巴紐從澳洲獨立出來後，移居澳洲。目前，在這個領域研究最著名的學者是兩位日爾曼語言學家：伯恩大學的麥茲（Péter Maitz）與澳洲的弗爾克（Craig Volker）。他們一起在巴紐及澳洲做田野調查、發表論文，讓世人知道，原來還曾經存在、現在也還有人使用這種奇特的變形德語。

兩位學者指出，「我們的德語」還是德語，但是經過一百多年的變化與簡化，少了許多詞尾變化與動詞變化，句構方式也與標準德語不同，名詞性別被取消，也發展出簡化字彙，例如德語說 Wohin läufst du?（你要去哪裡？）「我們的德語」會說：Du laufen geht wo?；德語說 Die Knaben sind weggegangen.（男孩子都走了），「我們的德語」會說：Alle kleine Mensch sind weggegangen.（kleine Mensch 直譯為「小的人」）；不規則的分詞被改為相對的規則，例如 finden（尋找）的分詞，標準德語是 gefunden，「我們的德語」會說 gefinden。

有句德國諺語這麼說：「德意志語言，困難的語言（Deutsche Sprache, schwere Sprache）。」然而在「我們的德語」的世界中，德意志語言並沒有那麼困難，這句話也許可以改寫為：德意志語言，我們的語言。

人文

德語是一座原始森林：我的德國觀察筆記

作　　者：蔡慶樺
發 行 人：王春申
總 編 輯：張曉蕊
主　　編：邱靖絨
校　　對：楊蕙苓
封面設計：謝佳穎
內文排版：菩薩蠻電腦科技有限公司
業務組長：何思頓
行銷組長：張家舜
出版發行：臺灣商務印書館股份有限公司
23141 新北市新店區民權路 108-3 號 5 樓（同門市地址）
電話：(02)8667-3712　傳真：(02)8667-3709
讀者服務專線：0800056196
郵　　撥：0000165-1
E-mail：ecptw@cptw.com.tw
網路書店網址：www.cptw.com.tw
Facebook：facebook.com.tw/ecptw

局版北市業字第 993 號
初　　版：2020 年 7 月
初版24刷：2020 年 10 月
印　　刷：沈氏藝術印刷股份有限公司
定　　價：新臺幣 350 元
法律顧問：何一芃律師事務所

國家圖書館出版品預行編目 (CIP) 資料

德語是一座原始森林 : 我的德語筆記本 / 蔡慶樺著.
-- 初版. -- 新北市 : 臺灣商務, 2020.07
面；　公分. -- (人文)
ISBN 978-957-05-3274-6 (平裝)

1.社會生活 2.文化 3.語言學習 4.德國

743.3　　109007308